中国农村经济研究文库

本书出版得到了“广西高等学校优秀中青年骨干教师培养工程项目经费资助”

经济发达地区
新型工农、城乡关系模式研究
——以苏州为例

Model Research of Developed Areas
Build a New Relations about Industry-agriculture、
Urban-rural-Based on a case of Suzhou

贺俊刚 / 著

中国经济出版社
CHINA ECONOMIC PUBLISHING HOUSE
·北 京·

图书在版编目（CIP）数据

经济发达地区新型工农、城乡关系模式研究 / 贺俊刚著 . --北京：中国经济出版社，2022. 7

ISBN 978-7-5136-6996-2

Ⅰ. ①经… Ⅱ. ①贺… Ⅲ. ①工业经济-关系-农业经济-研究-苏州②城乡关系-研究-苏州 Ⅳ. ①F127. 533

中国版本图书馆 CIP 数据核字（2022）第 121016 号

策划编辑 姜 静
责任编辑 陈 瑞
责任印制 马小宾

出版发行 中国经济出版社
印 刷 者 北京中石油彩色印刷有限责任公司
经 销 者 各地新华书店
开 本 710mm×1000mm 1/16
印 张 12. 75
字 数 162 千字
版 次 2022 年 7 月第 1 版
印 次 2022 年 7 月第 1 次
定 价 78. 00 元
广告经营许可证 京西工商广字第 8179 号

中国经济出版社 **网址** www. economyph. com **社址** 北京市东城区安定门外大街 58 号 **邮编** 100011
本版图书如存在印装质量问题，请与本社销售中心联系调换（联系电话：010-57512564）

前言

经济发达地区新型工农、城乡关系模式是一个具有重要理论价值与现实意义的科学问题，新时代新型工农、城乡模式研究有助于我国乡村振兴战略的实施，有利于先富带后富，减少东部经济发达地区与中、西部相对落后地区经济不平衡差距，最终实现共同富裕。为解决这个问题，本书在具体内容的安排上，以苏州为例，系统研究了1978年社会主义市场经济改革启动以来东部经济发达地区新型工农、城乡关系模式。在研究视角上，力求把握工农、城乡关系的核心问题——人的问题，新型工农城乡模式相关的经济主体、经济政策及机制均紧紧围绕“人”这个核心进行研究。

本书的写作思路如下：

首先，探讨了经济发达地区新型工农、城乡关系的理论基础，通过实际工资与制度工资、城市待遇与农村待遇等相关证据，得出企业家、工人、农民、地方政府（官员）在寻求价值与绩效最优的过程中，提高了土地、劳动力、资金、技术产出效率的结论。伴随产出效率提高，生产要素向经济发达地区积聚，加快了经济发达地区新型工农、城乡关系发展进程。笔者认为，理解经济发达地区工农关系、城乡关系问题的钥匙是经济剩余最大化，它可以表现为价值最大化、政绩最大化、效用最大化、效率最大化等具体的分类。

本书从行为主体逐利动机出发，界定了相关经济主体在此目标函数下的各种经济行为选择。同时，为增强可操作性，构建了行为选择方程，进一步分析了相关的行为选择组合。本书用历史与逻辑分析法对经济发达地区新型工农、城乡关系典型模式进行历史溯源、分类，从形成阶段、政府与市场关系两个角度分别阐述与比较了苏南模式、珠江模式、温州模式、苏州模式的异同，并得出相关研究结论。在此基础上，按照科学性、客观性、可操作性、典型性、针对性、简捷性、严谨性原则，分主要因素及其他因素两个方面，进一步阐述了选择苏州模式作为研究经济发达地区工农、城乡关系模式例证的原因。

其次，结合实际情况，运用霍利斯·钱纳里工业化阶段划分方法，以苏州为例，将新型工农、城乡关系模式形成过程划分为三个阶段：1978—1994 年起飞阶段，1995—2009 年发展阶段，2010—2015 年成熟阶段。从定量角度分析，避免了“马尔萨斯陷阱”的关键性最低努力、城镇化率、劳动力与资本结构。从定性角度分析了各个阶段的主要特征，包括地方政府强势主导与推动经济发展、典型城乡隔离特征的二元经济、工农、城乡自促增长乏力等并进一步分析户籍堤坝效应在新型工农、城乡关系模式形成机制中的重要作用、路径及机理。

再次，深入研究经济发达地区工农、城乡关系模式运行过程。以苏州为例，分析了新型工农、城乡关系发展的运行机制，包括城乡统筹规划机制、富民强村长效机制、公共服务均等化运行机制、现代农业发展机制、生态环境建设机制，分析了经济发达地区新型工农、城乡关系运行机制之间相互作用、相互影响的因果积累效应。笔者认为，经济发达地区新型工农、城乡关系模式的运行过程是一个隐性变化与显性变化相互作用、相互影响的过程，是一个以工农产业解决“吃饭”问题，以城镇化解决“住行”问题，在大、小两个层次因果循环积累基础上的“非农化”过程。

最后，针对经济发达地区新型工农、城乡关系模式中存在的问题与不足，从形成机制与运行机制两个方面，分别研究了经济发达地区新型工农、城乡关系模式中的主要问题。形成机制中问题包括：户籍制度的消极作用制约新型工农、城乡关系发展；工农互助、城乡自促增长范围有待进一步拓展；二元劳动力就业市场中的城乡待遇差距过高；城镇化质量不高，阻碍经济可持续发展。运行机制中问题包括：工农产业城乡布局有待进一步科学规划，经济主体补偿未落实到位；土地制度亟待改革，相关配套政策不完善；部分赶超战略政策脱离实际，法律及相关经济制度有待完善；农业技术创新及装备水平有待提高，农业经营者素质亟须提升；生态环境有待改善，环境保护管理机制有待创新。上述问题较全面地反映了在各种复杂因素影响下，新型工农、城乡关系模式发展过程中出现的不足之处及应汲取的经验教训。

同时，围绕如何缩小城乡收入、就业、公共服务等方面的差距，以及实现城乡协调发展主题，提出了促进经济发达地区新型工农、城乡关系发展的顶层设计，战略举措及保障措施等方面的政策建议。其中，顶层设计包括新型工农、城乡关系发展趋势、发展任务与战略重点。战略举措包括加快户籍制度改革、建立统一的生产要素市场等。保障措施包括健全战略体系、建立健全实施与保障机制、重视战略评估等。

本书的研究重点体现在：

(1) 以苏州为例，系统总结了1978年社会主义市场经济改革启动以来新型工农、城乡关系自促增长模式的内涵。具体包括：城乡发展一体化目标、机制（形成机制与运行机制）、形成阶段（起飞、发展与成熟阶段）、综合效应（户籍堤坝效应与因果积累效应）、发展趋势（自促增长的半径与范围不断拓展、自促增长的内容不断丰富、自促增长手段不断增多、自促增长效果愈加明显）及阶段特征。

（2）在户籍制度对工农、城乡关系的作用方面，第一，着重研究了户籍制度在经济发达地区工农、城乡关系模式形成中的作用，将其界定为户籍堤坝及户籍堤坝效应；第二，研究并阐述了户籍堤坝效应的表现形式、路径、作用机理及其对就业机会的影响。笔者认为：①户籍堤坝效应对就业吸引力影响有直接影响与间接影响两类表现；②户籍堤坝效应促成了就业吸引力的“内助式吸引”与“外援式吸引”两路径；③户籍堤坝效应强度可以定量分析户籍堤坝效应影响。户籍堤坝效应对就业吸引力产生作用的过程，既是一个户籍制度“不断改革”、户籍堤坝“不断调整”的过程，也是一个户籍制度潜在利润“不断释放”的过程，更是经济发达地区工农、城乡关系协调程度“不断提高”、经济发展“不断繁荣”的过程。户籍堤坝效应在经济发达地区新型工农、城乡关系模式形成中具有积极与消极作用并存的两面性，因此，通过调整户籍堤坝效应有助于实现经济发达地区的可持续性发展。

（3）本书研究了因果积累效应在经济发达地区工农、城乡关系发展中的作用，将其作用区分为大、小两因果积累循环，分析了因果积累效应的显性与隐性表现。笔者认为，因果积累效应有助于分析新时代经济发达地区新型工农、城乡关系模式的发展趋势。

在写作过程中，参考了国内外研究相关文献，在此，对文献作者以及所有关心和支持本书的人表示衷心感谢和崇高敬意。随着新时代中国乡村振兴事业的发展，经济发达地区新型工农、城乡关系模式演变过程中还会出现新的问题，因此，本书研究中未深入分析之处将在后续研究中加以深化。不妥之处，敬请读者批评指正！

贺俊刚

2022 年 4 月

目录

第一章　导论

第一节　研究背景及意义

一、研究背景

改革开放40多年的历程是一个工业化水平不断提高、城镇化程度不断加深的过程。这个过程可以从国际与国内两个方面考察。

从国际背景看，美欧经济发达国家已经历了前工业化阶段，处于后工业化阶段。2013年，美国城镇化率达到82.9%，法国城镇化率达到86.8%，英国城镇化率达到79.9%，中国城镇化率为53.1%，仅达到世界城镇化平均水平①。尽管西方发达国家存在各种各样的经济问题，但这并不影响客观看待其在工农、城乡关系发展方面的成就。美欧经济发达国家和地区积累了诸多有关工农、城乡关系模式发展的成功经验与失败教训，同时，取得了许多研究成果，值得我们重视与参照。这些可以为中国进行工农、城乡关系研究提供理论借鉴。

从国内背景看，受2008年全球金融危机持续影响，中国采取“4万亿”政府投资政策，刺激国内需求增长，使中国经济保持平稳。因受出口减缓、产业结构转型等因素影响，经济增速减缓。在此经济形势下，2016年，中央提出供给侧结构性改革，涉及劳动力、土地、资本、技术创新四个要素，其中，劳动力、土地主要集中在乡村，资本与技术创新更多地集中在城市，供给侧改革既与工农产业相关，也与城乡协调

① 根据中国统计出版社2014年《国际统计年鉴》及世界银行WDI数据库数据整理。

发展相关，对建设新型工农、城乡关系将产生深远影响。新型工农、城乡关系构建已成为全社会共识。

综合来看，根据目前实际情况，在总体水平上，我国工农关系逐渐协调，城乡差距逐步缩小，但与国际经济发达国家相比，仍存在区域发展不平衡、体制与机制障碍较多的问题。部分地区工农产业凋敝、城乡关系失衡，产生了诸如“农村空心化”“教育失衡”等现象。本书研究即是在这样的国际、国内背景下进行的。

二、研究意义

（一）理论意义

国内外与工农、城乡关系模式相关的理论研究成果较多。圣西门（Saint-Simon，1814）、欧文（Owen，1812）、傅立叶（Fourier，1829）等学者分析了当时城乡差距较大、产业布局不合理的经济社会状况，提出了产业、城乡协调发展的观点。赖特（Wright，1932）提出广亩城市的观点，芒福德（Munford，1934）提出城乡互动的观点。诸如此类理论成果对我国建设新型工农、城乡关系，寻求理论借鉴，洋为中用，具有重要作用。但是，由于中国幅员辽阔，地区差异巨大，西方发达国家的经济理论在中国建设新型工农、城乡关系过程中难免出现“水土不服”情况，其理论借鉴作用有限。

历时 40 多年的市场经济改革，使东部地区经济社会迅速发展，成为我国先富裕起来的地区。从理论角度看，东部地区工农、城乡关系模式的经验总结，体现了中国特殊国情以及地域特色，是上述国外工农、城乡关系理论的应用与发展。系统、科学地总结我国经济发达地区建设新型工农、城乡关系的成功经验，突破国外相关理论的局限性，不仅是一件必要工作，也是一项迫切任务，具有重要理论意义。

综上所述，本书以苏州为例，归纳与梳理我国东部经济发达地区自1978年社会主义市场经济改革启动以来的新型工农、城乡关系模式，具有重要的理论意义。

（二）现实意义

从宏观视角看，东部地区与中西部地区之间在某种程度上可看成是一个大城市与大农村的关系，东中西部地区之间存在着相互协调、相互促进的依存性关系。总结东部经济发达地区工农、城乡关系经验，不仅有利于解决其自身发展过程中的新问题，也可以为中西部地区提供实践范例。东部经济发达地区有这个历史责任，需要为广大中西部落后地区经济发展发挥示范作用。在这种内外需求下，总结与归纳东部经济发达地区新型工农、城乡关系成功经验，无论对促进东部地区持续发展，还是为中西部地区提供借鉴，均具有重要现实意义。

鉴于上述原因，本书从农业与工业、城市与乡村统筹兼顾、相互协调、平衡发展的视角，尝试对经济发达地区工农、城乡关系模式进行梳理与分析，寻找促进经济发达地区工农、城乡关系和谐发展，实现经济持续增长的路径。在这个过程中，研究了经济发达地区新型工农、城乡关系模式的成功经验及存在的不足与问题，及相应的工农、城乡关系模式的形成机制与运行机制，总结了户籍堤坝效应与因果积累效应的科学内涵，既为东部地区克服自身不足与发展瓶颈，制定科学有效政策，实现可持续发展提供了理论指导，也为广大中西部地区借鉴东部地区新型工农、城乡关系模式，推进本地工农、城乡关系制度建设，提升经济能级，促进落后地区经济增长，提供了实践范例，具有重要的实践价值与现实意义。

第二节　概念界定

一、新型工农、城乡关系

国外最早分析研究工农、城乡关系的是英国学者亚当·斯密（Smith，1776），他分析了城乡区域关系及与之相对应的工农产业发展关系。他指出城市的发展必须与“地区或乡村改良及耕作”（意指城乡工农产业）“保持相同的比例”，并称工农、城乡平衡增长、协调发展的关系为“自然进程”。德国学者约翰·冯·杜能（Thunnen，1826）将这种“自然进程”理想化，提出了城乡区域中工农产业土地配置“杜能圈结构”。

1769年发生的工业革命打破了这种理想化的“自然秩序”，生产要素向城市集中，城乡差距日益加大，环境破坏日益严重，工农、城乡关系趋向对立。为缓和这种情况，英国学者埃比尼泽·霍华德（Howard，1898）提出“田园城市”概念；美国学者伊利尔·沙里宁（Saarinen，1943）提出“有机疏散”观点，即把轻重工业从城市疏散出去，实现工农、城乡关系健康、持续发展；加拿大学者麦吉（McGee，1987）提出了“Desakota”概念，强调在区域综合发展基础上，生产要素按市场规律自由流动，实现工农产业与城乡区域之间统筹协调、一体化发展。

综合上述学者定义，结合所研究的问题，从总结1978年启动市场经济改革后，建设中国特色社会主义市场经济背景下的经济发达地区新型工农、城乡关系发展经验的角度，界定新型工农、城乡关系概念。本书新型工农、城乡关系是指以工促农、以城带乡、工农互惠、城乡一体的工农、城乡关系。

二、户籍堤坝效应

新中国成立初期形成的户籍制度，对经济发达地区新型工农、城乡关系发展具有重要影响。国内外学者对户籍制度影响与作用的概念界定并不一致，相关观点有三种：①“不利说”。认为户籍制度是国家政治经济系统的一部分（Chan et al.，1999），是城市排他性福利政策的核心与出发点（蔡昉，2007），可以根据地方政府需要阻止农民进城，其阻碍了劳动力自由流动，成为城镇化进程与城乡人口流动的主要障碍（Liang，2001；Xu et al.，2014），逐渐演化为当代中国成为一个现代一流国家和全球领导者的主要障碍（Chan，2009），应逐渐剥离附加在户籍身份上的各种福利待遇（赵德余、彭希哲，2010；彭小辉、史清华等，2013）。②“中性说”。认为户籍制度影响是中性的，利弊参半（张玮等，2008）。③“有利说”。指出中国户籍制度避免了第三世界国家城市化模式（城市化引起的贫民窟的出现、失业、公共服务瘫痪等弊病）（Torpey，1997）。认为当代的户籍制度改革是政府适应大规模人口流动的结果（Thakur，2002）。用图表对比的方式说明改革开放后户籍制度控制人口流动的功能减弱（Shen，2006）。

户籍制度“中性说”更适合解决本书所要研究的问题，本书将户籍制度对新型工农、城乡关系形成与发展所具有的影响与作用称为“户籍堤坝效应”。笔者认为户籍堤坝（Hukou Dam，HD）是在经济资源配置中，以户籍制度为核心与起点建立起来的一系列与收入、福利、就业、社会保障等相关的排他性的制度安排与设计。

户籍堤坝内外的城乡待遇差异是户籍堤坝效应产生的主要原因。户籍堤坝效应涉及城市待遇、农村待遇、户籍堤坝效应强度三个相关概念。

城市待遇是给予城市户籍身份的市民的全部收入减去支出后的净收入。城市待遇收入分城市制度工资与城市实际工资两部分。城市实际工资是指与付出劳动力的边际产出有关的收入，主要是指工资性收入，除城市实际工资以外的所有收入都可纳入城市制度工资的范围。城市待遇支出是指消费性支出，包括食品、衣着、居住、医疗保健等。农村待遇是指给予农村户籍身份的农民的全部收入减去支出后的净收入。农村待遇收入包括农村制度工资与农村实际工资两部分。农村制度工资是指与农村户籍身份相关的土地种植收入、经营收入、土地经营权转让收入等。农村实际工资是指农民付出劳动力获得的工资性收入，由劳动力投入的边际产出决定。农村待遇支出是指农村居民家庭用于物质和精神生活方面的支出，包括食品、衣着、居住、医疗保健等。户籍堤坝效应强度是城市待遇与农村待遇的比值。①

三、因果积累效应

因果积累效应现象是不平衡经济发展过程中的一种现象。据《新帕尔格雷夫经济学大辞典》解释，它指劳动分工将复杂劳动划分为一系列简单劳动，提高了生产效率，扩大了市场，而市场反过来又进一步提高生产效率，形成因果累积效应②。法国经济学家弗朗索瓦·佩鲁（Perroux，1955）提出经济增长极定义，认为平衡增长仅是一个目标或者理论状态，与现实相去甚远。缪尔达尔（Myrdal，1957）认为它包含了一个关于市场运行的基本假说，指出经济发展是一个动态发展过程，自由市场经济常常呈现出不平衡发展趋势。市场运行是一个连续的过程，以累积方式推动经济发展。其理论建议为许多国家制定与实施政府干预制度，缩小区域间经济发展水平差距及区域内工农、城乡差距提供了理论依据。

综合上述观点，本书的因果积累效应是指经济发达地区在建设新型

---

① 王克强，贺俊刚，刘红梅．户籍堤坝效应与东部城市就业吸引力研究［J］．中国人口科学，2014（6）．

② 伊特韦尔．新帕尔格雷夫经济学大辞典（第一卷）［M］．北京：经济科学出版社，1996：790.

工农、城乡关系过程中，所采取的一系列缩小工农、城乡差距，促进经济发展的制度措施产生的作用及其相互影响。

四、自促增长模式

罗斯托（Rostow，1956）在《从起飞到自促增长》中首次提出了自促增长的定义，指出经济增长是一种有顺序的、或多或少自动促进的过程。尽管库兹涅茨（Kuznets，1963）不同意罗斯托关于起飞的提法，认为罗斯托难以区分现代经济增长与传统经济增长的内在特征，但他认可罗斯托关于经济增长是不断持续过程的观点。

厉以宁（1984）认为可以借鉴罗斯托定义中的第三层次含义，它是指为经济增长所做的一种努力，而不是人类社会的一个成长阶段及产业革命的同义语。

在《现代汉语规范词·难词·新词》中，模式的概念为事物基本特征的体现①。

《新帕尔格雷夫经济学大辞典》中模式的概念为对抽象演算的解释。②

费孝通（1979）认为模式是从一套虚构的前提出发，用演绎法严格推理出来的逻辑结构。在将“模式”与“类型”两个概念对比时，认为模式是研究者寻找社会变化规律的手段和概念结构，是从复杂现象中抽象出来的一种概括。

对比上述自促增长及模式相关定义，本书所称自促增长模式（Self-sustained Growth Model）是指经济发达地区实现新型工农、城乡关系发展，推动经济不断持续增长的基本特征与发展规律的抽象与概

---

① 倪文杰，陈孟勤．现代汉语规范词·难词·新词（第四卷）［M］．北京：中央民族大学出版社，2002：1941.

② 伊特韦尔．新帕尔格雷夫经济学大辞典（第三卷）［M］．北京：经济科学出版社，1996：518.

括，是相关政策、制度及经验的总结，是一种可以供中西部经济欠发达地区借鉴的范型。自促增长模式的具体内涵分为目标、机制、发展阶段、综合效应、发展趋势、阶段特征等内容。自促增长模式以缩小工农城乡差距、建设城乡发展一体化为目标；机制包括形成机制与运行机制；综合效应包括户籍堤坝效应与因果积累效应；形成阶段包括起飞阶段、发展阶段、成熟阶段；发展趋势包括自促增长的半径与范围不断拓展、自促增长的内容不断丰富、自促增长手段不断增多、自促增长效果愈加明显，以及相关阶段特征。

第三节　研究目标、方法、内容及问题

一、研究目标

在社会主义市场经济建设中，我国用数十年时间走完西方发达国家数百年走过的经济发展阶段，成绩斐然，举世瞩目，工农、城乡关系发生巨大变化，被称为“中国奇迹”。经济发达地区作为全国经济增长的引擎与领头羊，利用这30余年的“黄金机遇期”，率先实现了经济现代化。工农、城乡关系问题既是一个产业关系问题，也是一个区域发展问题，其实质是一个“衣食住行”问题。其内在依据是以工业化解决吃、穿问题后，再以城镇化解决住、行问题（王国刚，2010）。实现工农产业现代化是一个产业经济问题，旨在解决民生中的“衣食”问题。城镇化是一个区域经济问题，旨在解决民生中的“住行”问题。“衣食”与“住行”相互依存、相互促进，产业问题解决得好，可实现温饱小康，在此基础上解决城镇化问题，可为实现全面小康奠定基础；“住行”问题解决得好，城乡空间布局合理，交通运输便利，生产要素按市场需求合理流动与配置，又可以达到更高的“衣食”水平。

综上，本书的研究目标是从农业与工业、城市与乡村统筹兼顾、相互协调、平衡发展的视角，对经济发达地区工农、城乡关系模式进行梳理与分析，寻找促进经济发达地区工农、城乡关系和谐发展，并实现经济持续增长的模式。在这个过程中，研究经济发达地区新型工农、城乡关系模式的成功经验及存在的不足与问题，以及相应的工农、城乡关系模式的形成机制与运行机制，为东部地区克服自身不足与发展瓶颈，制定科学有效的政策，实现东部经济发达地区可持续发展，提供理论指导。同时，也为广大中西部地区借鉴东部地区新型工农、城乡关系模式，完善工农、城乡关系制度建设，提升经济能级，促进落后地区经济增长，提供实践范例。

二、主要方法

根据本书的研究目标，对数据和资料进行定性、定量以及相关理论、实证分析，阐明改革开放苏州新型工农、城乡关系模式发展的历史脉络，分析工农、城乡关系模式形成机制与运行机制，研究相关机制所产生的经济效应，提出相应的政策建议。

（一）理论推理与模型分析

囿于数据可获得性，本书采用数理经济学研究方法，以苏州为例，对经济发达地区新型工农、城乡关系模式进行了推理及演绎，界定长期、复杂的制度变迁过程中行为主体的行为选择方式，探讨新型工农、城乡关系模式中发展阶段界定及特征。

（二）统计分析法

运用统计分析法，以苏州为例，分析经济发达地区新型工农、城乡关系模式发展的三个阶段，以及户籍堤坝效应与因果积累效应。

（三）历史与逻辑分析法

为阐明社会主义市场经济改革以来经济发达地区新型工农、城乡关系发展的过程，本书以历史与逻辑分析法论述了这个长期过程中蕴含的工农、城乡关系发展规律及机制。

三、研究内容

本书研究内容包括研究基础，形成机制研究，运行机制研究及问题、结论与对策（见图 1.1）。

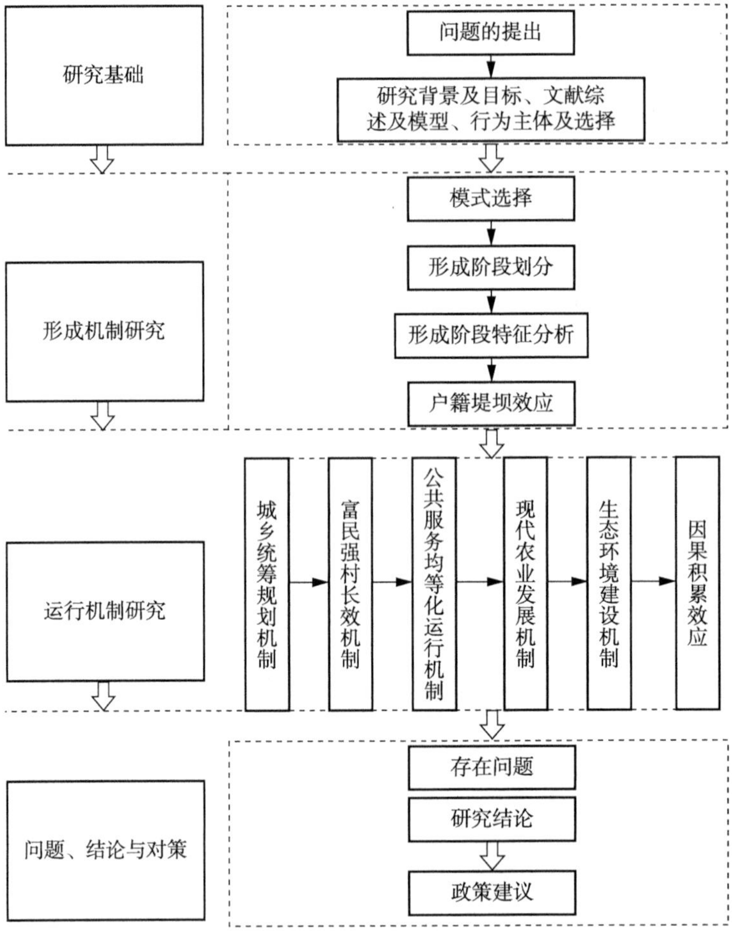

图 1.1　本书研究内容

四、研究问题

研究目标决定研究问题。本书研究自 1978 年社会主义市场经济改革启动以来，经济发达地区新型工农、城乡关系模式问题。具体内容如下：

（一）研究问题的视角

本书研究问题所选视角集中于非农问题。换句话说，产业转型与城乡发展之间的协调、平衡增长是一个较好的研究视角。由产业非农化联系起来的工人与农民就业、产业区域变化的经济发展问题这根“红线”，可将农村劳动力转移、就业、收入分配等相关的经济问题进行有机结合，从而为深入研究创造条件。涉及的具体问题包括农民与工人、企业家在产业非农化过程中如何进行相关经济选择，以及在城市与乡村之间如何进行迁徙选择。此视角便于把握问题，进行深入研究。

（二）研究问题的具体对象

本书研究对象是工农、城乡关系相互作用下的模式。换句话说，本书研究苏州工农、城乡关系共同作用下的模式。其核心内容为工农、城乡关系模式的形成机制及运行机制。

为什么选择研究工农、城乡关系共同作用的模式，而不是工农关系模式或城乡关系模式？因为工农、城乡关系总是天然地、历史地联系在一起。英国学者亚当·斯密（Smith，1776）指出：“如果人类制度从来没有干扰事物的自然进程，财富的增加和城市的发展，在每一个政治社会，必然是地区或乡村改良及耕作的结果，并与之保持相同的比例。”[①] 其中的“地区或乡村改良及耕作”意指城乡工农产业，斯密将城乡区域与工农产业发展之间的相同比例发展关系称为“自然进程”。谈及工人总让人联想到城市，研究农民多半要深入乡村，研究城乡关系总会自然涉及工农关系。

（三）研究问题的区域范围

在中国奇迹的产生过程中，包括苏州在内的经济发达地区做出了重要贡献。而研究中国经济发达地区，首先要认清一个基本事实：经济发达地区发展模式存在差异性，而差异性的背后存在着一个同其差异性相适应的选择机制。要研究经济发达地区具有典型意义的新型工农、城乡关系模式，应兼顾全面，把握重点，研究其选择机制。同时，为总结东部地区成功经验，本书将研究范围集中于经济发达地区，并以苏州为具体的、典型意义上的研究区域，解剖“麻雀”，深入研究。

（四）研究问题的时间范围

本书研究目标是总结改革开放以来，社会主义市场经济建设背景下，经济发达地区新型工农、城乡关系模式的先进经验，因此，1978年之后的时间，是本书研究的时间范围。需要说明的是，社会主义市场经济改革启动于1978年改革开放以后，但在20世纪70年代初期，中共九大以后已开始出现市场经济萌芽（刘明兴，2015），此时的工农、城乡关系属于旧的社会主义计划经济背景下的工农、城乡关系。本书研究目标是研究经济发达地区自市场经济改革以来，新型工农、城乡关系模式形成机制、运行机制，显然，根据本书研究目标，1978年前社会主义计划经济背景下旧的传统工农、城乡关系不在本书研究范围内。

---

① 亚当·斯密．国富论（上）[M]．西安：陕西人民出版社，1999：428.

第四节　主要问题及创新点

一、主要问题

本书以苏州为例，从城乡协调发展视角进行分析与梳理，以归纳经济发达地区新型工农、城乡关系模式中的主要问题、重点及难点。

研究过程中解决的主要问题如下：

（1）农村待遇、城市待遇及城乡待遇差距对经济主体行为选择的影响。作为经济主体，城乡待遇差距是农民选择是否进城的主要影响因素。

（2）人口红利两阶段问题。由于中国特殊的户籍制度，通常意义上的人口红利内涵在经济发达地区发生了变化，其变化形式及演化机理形成了人口红利的两阶段。

（3）分析影响工农、城乡关系变化的因素，包括经济发展水平、户籍制度、农民工市民化等。着重研究经济发达地区工农、城乡关系非农化过程。

（4）分析研究地方政府、企业家、农民、市民作为经济行为主体如何在复杂的经济环境条件下选择不同的经济决策及背后的深层经济学原因。

研究的重点包括：以苏州模式为例，研究经济发达地区新型工农、城乡关系模式形成机制与运行机制。

研究的难点包括：农民、市民、地方政府主体行为函数分析；新型工农、城乡关系模式形成过程中各阶段的划分标准；户籍堤坝效应与因果积累效应。

二、创新点

研究工农、城乡关系的现有研究成果较多，但在城乡发展一体化视角下，专门研究如何缩小工农、城乡差距的成功模式者较少。能科学、客观地总结出经济发达地区新型工农、城乡关系成功发展经验，为实现东部经济发达地区可持续性发展，为广大中西部地区提供宝贵经验借鉴的研究成果更少。为此，本书以苏州为例，从总结新型工农、城乡关系成功经验的角度，分时期、分阶段系统地研究了经济发达地区新型工农、城乡关系模式形成过程，分析其特征、形成机制、运行机制及影响因素，及其在新型城镇化过程中的重要作用。

本书在以下方面有所创新：

（1）以苏州为例，系统总结了 1978 年社会主义市场经济改革启动以来新型工农、城乡关系自促增长模式的内涵。具体包括：城乡发展一体化目标、机制（形成机制与运行机制）、形成阶段（起飞、发展与成熟阶段）、综合效应（户籍堤坝效应与因果积累效应）、发展趋势（自促增长的半径与范围不断拓展、自促增长的内容不断丰富、自促增长的手段不断增多、自促增长效果愈加明显）及阶段特征。

（2）在户籍制度对工农、城乡关系的作用方面，本书的贡献在于：第一，着重研究了户籍制度在经济发达地区工农、城乡关系模式形成过程中的作用及其对城乡就业、教育、公共服务水平等因素的影响，将其界定为户籍堤坝及户籍堤坝效应。第二，研究并阐述了户籍堤坝效应的表现形式、路径、作用机理及其对就业机会的影响。本书的研究结果表明，户籍堤坝效应在经济发达地区新型工农、城乡关系模式形成中具有积极与消极作用并存的两面性，调整户籍堤坝效应有助于实现经济发达地区的可持续发展。

（3）本书研究了因果积累效应在经济发达地区工农、城乡关系发展中的作用，将其作用区分为大、小两个因果积累循环，分析了因果积累效应的显性与隐性表现。本书的研究有助于分析新时代经济发达地区新型工农、城乡关系模式的发展趋势。

第二章　文献综述

第一节　国外研究现状评述

本书国外研究综述分为两部分，首先对国外研究理论进行综述，然后在此基础上对相关研究文献进行类型化梳理与评述。

一、国外研究理论综述

国外最早分析研究工农、城乡关系的是英国学者亚当·斯密（Smith，1776），他分析了城乡区域关系及与之相对应的工农产业发展关系。他指出城市的发展必须与“地区或乡村改良及耕作”（意指城乡工农产业）“保持相同的比例”，并称工农、城乡平衡增长、协调发展的关系为“自然进程”。德国学者约翰·冯·杜能（Thunnen，1826）将这种“自然进程”理想化，他分析了斯密的“乡村改良及耕作”与城市距离之间的城乡区域空间关系，提出了工农产业土地配置的“杜能圈结构”理论。

1769 年，工业革命开始后，劳动力与土地的分离、农业与工业的分离及社会分工范围的不断扩大与强化打破了这种理想化的“自然进程”，生产要素向城市集中，城乡差距日益加大，环境破坏日益严重，工农、城乡关系趋向对立。为缓和这种情况，英国学者埃比尼泽·霍华德（Howard，1898）提出“田园城市”理论；美国学者伊利尔·沙里宁（Saarinen，1943）提出“有机疏散”理论，即把轻重工业从城市疏散出去，实现工农、城乡关系健康、持续、协调发展。

然而，法国经济学家弗朗索瓦·佩鲁（Perroux，1955）提出增长极理论，认为工农、城乡关系同比例的平衡发展仅是一个目标或者理论状态，与现实相去甚远。缪尔达尔（Myrdal，1957）提出一个关于市场运行的基本假说，认为经济发展是一个动态发展过程，自由市场经济常常呈现出不平衡发展趋势，要求政府采取干预市场的政策措施。他认为自由市场经济是一个连续的市场运行过程，包括政府干预因素在内的各种经济因素以因果累积的方式相互作用，推动市场经济发展。

20 世纪 50 年代，当世界发达国家工农、城乡关系逐渐进入到较高阶段时，发展中国家实施赶超战略，国外学者研究兴趣转向发展中国家。美国学者威廉·阿瑟·刘易斯（Lewis，1954）将欠发达国家经济分为传统农业部门与现代工业部门，强调不平衡发展。美国学者 Ranis（1964）和 Fei（1964）在刘易斯二元结构理论的基础上，从两部门模型开始，对无限剩余劳动力的发展理论进行了严格的数理证明。艾伯特·赫希曼（Hirschman，1958）同样提出不平衡发展理论，认为应集中力量发展一部分产业，等产业发展起来后，再利用收益促进城乡基础设施发展。在前人基础上，美国学者约翰·弗里德曼（Friedmann，1967）在其代表作《极化发展的一般理论》中提出中心-外围理论，认为核心区往往是经济发达的城市，外围区通常是落后的乡村。

20 世纪 90 年代，科斯（Coase，1998）承袭旧制度主义代表人物康芒斯的理论成果，提出了新制度主义经济学，其核心概念为：交易成本提供了研究工农、城乡关系制度变迁的新制度经济学理论工具。诺斯（North，1994）将包括工农、城乡关系在内的各类制度的变迁过程视为对帕累托有效改进的机会，是一种经济增长的表现。威廉姆森（Williamson，2014）进一步提出，交易成本并不总是零，他分析了市场中交易成本为正时的各种情形，并做了相关预测性分析。尽管存在观点分歧，但新制度经济学在分析与理解工农、城乡关系问题时所运用的分析方法与研究结论存在类似之处。制度变迁的收益与成本最终将决定工农、城乡关系制度变迁的过程与方向。

此外，加拿大学者麦吉（McGee，1987）提出了“Desakota”（印尼语中“desa”即乡村，“kota”即城镇）理论，强调生产要素建立在区域综合发展基础上，按市场规律自由流动，实现工农产业与城乡区域之间统筹一体化发展。利普顿（Lipton M.，1977）提出要关注“城市偏向”的城乡关系，城乡利益集团冲突是贫困国家的主要矛盾。

综合来看，本书所研究的经济发达地区新型工农、城乡关系模式问题主要与刘易斯二元结构理论、新制度经济学理论、中心-外围理论存在比较密切的关系。本书在此基础上，对研究文献的具体内容进行了类型化梳理。

二、类型化及文献梳理

研究文献类型化梳理是对所研究的具体文献内容进行类型归纳。笔者力求把握问题的关键方面，对研究文献具体内容进行类型化梳理（见图2.1）。

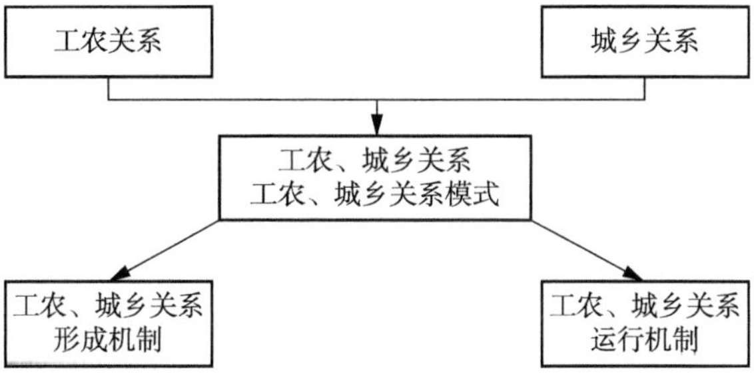

图2.1　文献类型化梳理

（一）工农关系

1. 工农产业关系

刘易斯（Lewis，1954）提出两部门观点。大卫（Davis，1954）和戈顿（Golden，1954）经过对工业化与前工业化地区发展之间关系的推理，认为这个推理背后的假设是：农村向城市变迁不只是一个优良的经济发展和社会现代化指数，其本身也刺激产生这种变化。拉尼斯（Ranis，1964）和费景汉（Fei，1964）对无限剩余劳动力的发展理论进行了严格的数理证明。奥克马（Ohkawa，1964）认为刘易斯关于生存部门不存在技术进步、维持生活的最低水平不会变化的假设条件过于严格，难以应用到相应的历史事实中。克鲁格曼（Krugman，1991）分析了一个国家如何从内部分化成一个工业化的“核心”和一个农业“外围”。

2. 工农产业变化的影响因素

安提尔（Antle，1999）对 21 世纪的农业经济投资及研究分析表明，除农场外，农业部门将减少基本农产品的投入，从而降低基本农产品的生产率；将增加粮食产业投资与研究，从而提高粮食产业生产效率。莱特尔（Laitner，2000）提出一种测量模型，包含农业和制造业两个部门，当一个国家的平均储蓄倾向内生上升时，其经济发展开始实现工业化。罗宝（Lobao，2001）从宏观变化、社区作用、家庭反应三个方面验证了美国 19 世纪农业发展的变化。威特（Whitener，2007）认为自 1990 年以来，由于性别、年龄和种族构成的变化、工业与农业结构调整，美国一些农村地区发生了急剧的变革。

（二）城乡关系

1. 城乡关系与城市化指数、城市首位度的作用

苏瓦尼（Sovani，1964）对大卫（Davis，1954）和戈顿（Golden，1954）提出的城市化指数进行了批驳，提出了不同的国家和地区具有不同的转化指数，发现用此指数进行分析，会导致“过度”城市化的假象。克拉克（Clarke，1997）使用元胞自动机（CA）仿真模型来预测

城市增长变化过程，并用该模型生成旧金山港湾区未来的情景，这些情景以蒙特卡洛版本的模型产生的概率为基础。它被用于动画模拟的动态映射，允许对未来城市发展进行可视化分析。黑德森（Henderson，2005）着重讨论了推动城乡空间转化的力量，以及这一转化的收益如何，有什么潜在的可能会抑制转化过程的陷阱和低效率。伯特利（Bertinelli，2007）使用半参数估计技术探讨城市首位度如何影响跨国经济增长，发现了城市首位度增加与经济增长之间存在正比例关系。

2. 农民向城市迁移及就业

苏卡（Soja，1969）认为城乡互动的规律及表现要根据相关的历史条件、环境等因素来判断，没有唯一标准答案。翟等（Zhai et al.，2002）用CGE模型分析了中国加入WTO后对城乡就业市场的影响，指出放松城乡就业政策限制不仅可以缓解城市失业压力，也有利于解决农村非熟练劳动力在城市的就业问题。付（Fu，2012）评估了中国农村劳动力迁移的区域人力资本集聚效应。他根据不同技能基础人力资本区域补偿差异、生活成本、设施等，研究了迁入地高技能迁徙者人力资本集聚的重要性，发现低技能的移民没有同高技能的工人共居一地的动力。

3. 城乡收入差距及存在的社会不公现象

邬（AU，2006）认为，随着城市规模的不断扩大，城市集聚效益应不断增强，工人的实际收入迅速上升，而当实际收入水平接近峰值时，又会非常缓慢地下降。恩特（Hertel，2006）分析了户籍制度对与城乡收入分配相关经济活动的重要影响。林毅夫（Lin，2011）提供了一个低城市化比率与中国巨大的城市、农村不平等有关的新解释。研究表明，重工业导向的政府发展战略将导致较低的城市转化率和较高的社会不平等程度。

4. 城乡一体化

布莱克（Black，1999）发现地区信息外溢促进集聚，人力资本积累促进内生增长。亨瑞等（Henry et al.，1999）发现农村发展水平、城市节点发展与影响城市中心和城市郊区发展模式的政策有关。柏瑞基（Partridge，2010）指出以交通为纽带，工作在城市、居住在农村的通勤关系是最明显的城乡一体化形式。研究证据支持分散化假说，发现人口转移到农村地区是由于生活方式和生活质量方面的原因，而留在城市是因为就业需要。

5. 城乡发展政策及规划的作用

劳森（Lasuen，1969）提出发展中国家可以通过创建多元化的企业结构加速经济增长，以减少区域极化的发展策略。塔克丽（Tacoli，2003）通过研究非洲现实情况，发现自1960年以来，许多促进城乡发展政策失败的主要原因之一是没有考虑现实环境及生活与工作在特定区位的人们。萨图卢斯（Psaltopoulos，2006）研究了希腊农村地区阿卡尼斯（Archanes）、卡赞扎基（Kazantzakis）和中心城市伊拉克里翁（Heraklion）在城乡发展过程中CAP措施（农业收入支持、提高农业生产力、经济多样化支持）的实施效果，指出不同政策目标下的CAP措施会产生不同的经济效果。柏利（Beall，2010）提出了四个问题：①农村向城市转化的背景有什么特别之处？②为什么在目前时刻，农村向城市转化对发展非常重要？③从政策的角度来看，美国目前关于农村向城市转化与发展关系的认识，存在哪些优势和不足之处？④如何在农村向城市转化背景下从一个多学科的角度增加有关发展研究和政策的价值？刘（Liu，2010）通过数据对比分析，指出苏南地区在城乡发展中缺乏统一协调的土地利用规划。斯浦特夫（Shepotylo，2012）指出社会主义城市化政策限制特大城市的增长，扭曲了更多的城市人口空间一致性均衡，而经济向市场转轨能减少政策扭曲。

（三）工农、城乡关系

穆哈（Moomaw，1996）发现一个国家较少劳动力从事农业、较多劳动力从事工业时，具有较高的城市化程度。瑞格（Rigg，1998）认为农场受到非农约束，工业活动通常依赖于农村的劳动力。塔克丽（Tacoli，1998）沿着有关城乡互动文献脉络，特别是对近期经济、社会、文化变化有重要影响的文献，从城市中的农业、农村中的城市及城市与农村联结郊区三个方面研究了城乡互动的规律及表现。斯尔瓦（Silva，2001）以巴西为例，探索了城市、农村和农业、非农业关系的相关性，发现从农业家庭、农业与非农业多种经营家庭到非农业家庭收入呈递减现象。

（四）工农、城乡关系形成机制及运行机制

托达罗（Todaro，1969）建立了一个城乡劳动力迁移的行为模型，提出了一个分析减缓失业现象的机制设计框架并阐释了其相关的政策含义。库兹涅茨（Kuznets，1973）归纳出工农、城乡关系机制变化的特征。林（Lin，2001）认为正在进程中的、在中国大都市地区延展的“城乡一体化”的机制与模式，展示了在不同的政治经济政策下工业化和城市化之间关系的复杂性，质疑原先被广泛接受的城乡分割状态的适当性。穆哈塔（Murata，2002）提出通过城乡互动实现工业化的模式，并以日本为例，提出避免低发展水平陷阱的农业生产、工业制造品消费、城市化等方法。龙（Long，2009）运用 RDI 指标分析了四种由工业化、城镇化驱动的农村发展机制与模式：农场主导式（FIT），工业主导式（IDT），商业、旅游业、服务业主导式（BTT），平衡农业发展式（BDT）。刘（Liu，2009）以 AHP 法从人口、环境、资源、发展视角评价了中国东部地区乐清、门头沟、太仓、琼海四类城乡发展机制与模式，发现不同的环境、市场需求、地区文化形成不同的工农、城乡发展机制与模式。

三、国外研究现状评述

综上，本书从理论综述与文献类型化梳理两个方面对国外工农、城乡关系研究理论及现状进行了归纳。值得一提的是，从国外理论综述来看，根据本书所研究的问题，经济发达地区新型工农、城乡关系模式主要与刘易斯二元结构理论、新制度经济学理论、中心-外围理论存在比较密切的关系。其中，刘易斯二元结构理论可以用来阐述经济发达地区新型工农、城乡关系模式的形成机制；中心-外围理论分析在以城市为中心、以农村为外围的条件下，优先发展城市工业，进而反哺农村农业的不平衡发展过程；新制度经济学理论可以阐述户籍制度在新型工农、城乡关系模式中的作用、表现以及机制，本书将其界定为户籍堤坝效应，并在后文进行了详细阐述。

第二节　国内研究现状评述

近年来我国对新型工农、城乡关系研究的文献较多，但能够被广泛接受的比较成熟的理论不多。因此，本书主要对相关研究文献进行类型化梳理。首先，围绕新型工农、城乡关系模式，从工农关系、城乡关系及工农与城乡关系三个方面梳理与归纳国内相关文献，然后，在此基础上进行相关研究文献评述。

一、类型化文献及梳理

（一）工农关系

1. 工农关系发展存在的问题、原因及对策

郭玮（1989，1992）注意到工农产业比较利益不平衡是农业增长

缓慢的主要原因之一。牛若峰（1992）分析了我国工农业关系的基本态势和深层矛盾。戴平安（2009）、王宝证和汪彬彬（2010）注意到户籍制度的制约作用，探索了解决相关问题的路径。

2. 市场对工农关系的重要性

郭玮（1990）从工农关系角度阐述了农业基础地位的重要性。曹英伟（1997）认为需要依靠市场协调、平衡工农关系。

3. 工农关系发展路径

马良华（2002）提出从工农两部门发展的规模和结构、发展速度和利益分配关系来优化资源配置的效率，以解决经济增长的可持续性问题，同时促进工农关系的良性发展。邓大才（2003）、杨凌志（2007）认为简单划一的“以工补农”政策在全国各个地区不一定都适用。梁龙（2008）回顾了我国农业和农村经济改革开放 30 年历程，分析了工农关系从索取到“反哺”变化的必然性，以及调整的基本原则。张瑞兰（2010）探索了新工农关系的内涵及路径。孔祥智（2014）分析了新型农业经营主体顶层设计。

（二）城乡关系

1. 城乡二元结构及不平等格局的解决方法

张汝立（2003）认为调整城乡不公的关键在于市场与政府。王伟（2007）按阶段研究了我国城乡关系演变。朱海龙（2005）认为发展生产力是解决城乡问题的方法。楚成亚（2008）认为就业是建设新型城乡关系的切入点。奚建武（2009）研究分析了城乡关系发展的新动力。

2. 和谐城乡关系建设

缪小征等（2005）认为要依靠制度创新建设和谐城乡关系。李泉（2007）及赵群毅（2009）探索了中国城乡关系网络化的互动协调，认为应把握非农化实现形式。韩俊（2009）提出保护好农民土地权益是建立平等和谐的城乡关系的重点。王辛欣和任保平（2010）认为我国城乡差距随着经济发展越来越大。刘朔（2012）提出政府应主导建立新型农村组织结构。杨宏山（2012）提出地方治理亟待改革，加强政府引导有利于和谐城乡建设。陶然（2013）提出以土地制度改革解决农民工住房问题。方志权、顾海英等（2015）认为农村土地承包关系“长久不变”应保持70年不变，保证公平，促进城乡和谐。

3. 城乡关系发展阶段划分、发展政策及城乡关系特征

张红宇（2005）和蔡昉（2008）研究了城乡统筹的阶段性特征，分析了城乡关系的制度性框架。顾海英（2009）认为应立足农村，城乡一体化不是把农村变成城市。郑国（2009）、赵洋（2011）研究了城乡关系的主题变化，分析了双重管制与放权城乡关系，建议实行城乡合治。叶超（2008）和王忠武（2012）建议注重历史文化传统与全球化特征，回顾了斯密有关城乡关系的观点，并研究了城乡关系中出现的被建构、自建构和再建构特征。

4. 城乡关系的内涵及户籍制度影响

张雨林（1986）和卢汉超（2009）认为小城镇在城乡统一连续体建设方面发挥了重要作用。郭宁（2012）研究了城乡利益共同体及城乡发展偏向问题，揭示了城乡关系的内涵。苏明（2014）分析了公共财政对城乡一体化建设的重要作用，并提出政府财政应向农村倾斜。彭小辉（2013）认为要关注户籍制度改革有可能挖掘出来的劳动力供给潜力，其有助于消除造成城乡社会不公平的制度性根源。袁方和史清华等（2016）认为户籍制度改革中的居住证制度明显提高了农民工福利水平。

（三）工农与城乡关系

1. 工农与城乡关系的重要性

詹武（1995）提出了工农、城乡协调发展的必要性与紧迫性。中共安徽省委组织部课题组（2001）和韩长赋（2012）提出工农、城乡关系是基本的经济、政治和社会关系之一。工农、城乡关系失调是我国当前面临的基本矛盾。曲福田（2011）和黄祖辉（2012）提出加快转变经济发展方式，调整工农、城乡关系，研究了建设城乡一体的新型工农、城乡关系的重要性与紧迫性。

2. 工农与城乡关系构建中的重要影响因素分析

焦必方（2013）以国外经验证明，政府主导因素在新农村建设中具有重要作用。程名望和史清华等（2015）将农户收入差距相关影响因素分为全面性与结构性两类。

（四）工农、城乡关系形成机制及运行机制

朱晓峰（1994）提出，无论是计划运行机制、市场运行机制还是计划市场混合运行机制都是工农、城乡关系机制及制度变迁的形式。李中东（2005）解构了政府行为机制，对研究和谐工农、城乡关系形成及运行机制有重要理论意义。周定溶（2007）和白雪瑞（2008）研究了经济机制转轨对工农、城乡关系的影响。方松海（2009）、郑有贵（2010）和邢和明（2011）要求强化农民的主体地位，强化机制保障，将起步、深化和战略调整作为城乡关系建设的三个阶段。冯海发（2015）认为生态环境建设是工农、城乡关系持续发展的基础。

二、国内研究现状评述

上述国内学者和相关机构在工农、城乡关系模式等方面所得到的研

究成果为经济发达地区新型工农、城乡关系模式研究提供了借鉴。但是通过分析与归纳发现，除了缺乏公认的、被广泛接受的理论外，还有以下几个方面需要完善：

1. 在分地区范围内进行的专题研究不足

现有研究多是从全国角度进行分析与研究，在分地区范围内进行的专题研究仍显不足。而且，研究时间跨度多为中短期，系统、长期研究成果较少。

2. 工农、城乡关系模式的特殊性、影响因素及机制研究不够深入

在我国东、中、西部经济区内部，由于存在地理位置、文化习俗、原有工业和农业产业基础等不同的经济发展环境与条件，各地区工农、城乡关系模式发展过程中，呈现出明显的差异性、地域性。其影响因素及机制也不相同。现有研究对工农、城乡关系模式的特殊性、影响因素及机制研究不够深入。

3. 从协调视角研究工农、城乡关系者较少

现有研究中，分别研究城乡或者工农关系者多，以协调视角研究工农、城乡关系者少。对劳动力、资本、土地等生产要素分别进行研究的成果较多，而以协调城乡发展视角，研究劳动力、资本、土地、户籍制度等影响因素对工农、城乡关系模式作用的综合研究不多。

第三章　经济发达地区新型工农、城乡关系模式理论模型

新型工农、城乡关系模式研究所要关注的内容包括农村剩余劳动力转移所引起的市民、农民及其所在的工业部门（城市）与农业部门（乡村）相互之间的依存性及其变化的路径，相关理论模型包括孤岛模型、刘易斯-费景汉-拉尼斯模型、户籍制度变迁绩效评价模型。

第一节　孤岛模型

孤岛模型原本是指鲁滨逊在一个孤岛上同时从事农业种植与工业生产两类工作，每天的一部分时间种植粮食以维生，另一部分时间制造打猎所需工具。尽管现实有所变化，增加了市场、家庭等分析因素，但1978年改革开放初期隔离制度下的工农、城乡关系仍同与世隔绝的孤岛相似，随着经济发展，在城乡隔离向城乡融合发展的过程中，兼业农民正像孤岛中的鲁滨逊，农忙时在乡务农，农闲时进城务工，新型工农、城乡关系40余年的发展过程蕴含其中。

以城乡分割为目的的户籍制度等相关制度的特殊性，加之工业集中在城市、农业集中在农村这一两部门地理分布特征，使得以户籍制度为基础的城乡隔离制度逐渐演变成“工业部门≈城市，农业部门≈农村”这一产业区域分布特征。本研究正是在这一状态下深入展开的，1978年改革开放时，工农、城市关系初始状态就是“工业部门≈城市，农村≈农业部门”，它既是一个产业特征，也是一个地理与区域特征，且由于户籍制度导致城乡隔离的特殊性，这一状态更加“标准”，这种研究新型工农、城乡关系模式的孤岛模型见图3.1。视角符合今天许多经验事实，也是本书研究问题的初始状态。

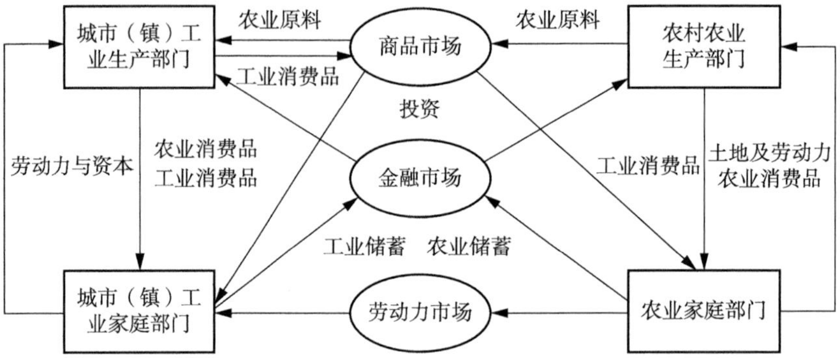

图 3.1　研究新型工农、城乡关系模式的孤岛模型①

一、孤岛模型研究的起点状态——工业≈城市，农业≈农村

本书将孤岛模型用于研究新型工农、城乡关系模式形成的初始状态。在这样一个“标准”状态下，本书尝试解决一个科学问题：总结自 1978 年改革开放以来经济发达地区缩小工农、城乡差距，建设新型工农、城乡关系模式的经验。随着经济发展，工农、城乡之间的差距趋于缩小，最终实现城乡两部门经济的平衡增长，达到工农、城乡关系协调发展的状态（见图 3.2）。

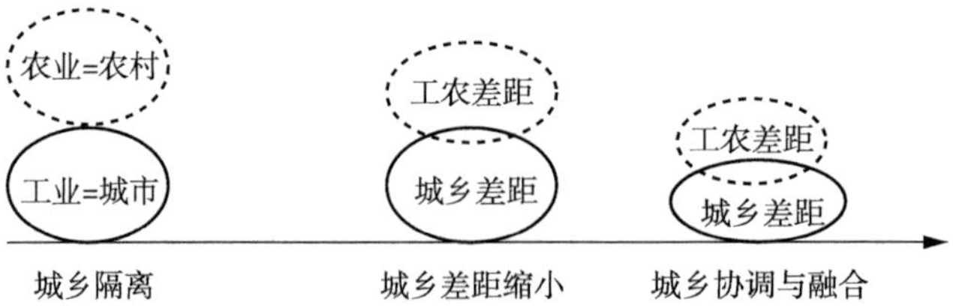

图 3.2　新型工农、城乡关系发展趋势

① ［美］范里安．微观经济学：现代观点（第六版）［M］．上海：上海人民出版社，2006. John C. H. Fei 和 Gustav Ranis（1964）曾用其研究劳力剩余经济发展。李溦（1993）曾用其分析农业剩余与工业化积累问题。本研究与以上研究的共同之处是均对以剩余劳动力为特征的经济增长过程进行了研究，不同之处是本研究侧重于研究工农、城乡关系协调发展。

在研究过程中发现，这个理论分析框架可以较好地分析工农、城乡差距缩小，工农、城乡关系协调发展中的各种经济与社会现象，寻找解决自1978年改革开放以来经济发达地区各种工农、城乡关系问题的政策性建议。

二、孤岛模型中的平衡增长分析

英国学者亚当·斯密（Smith，1776）分析了城乡区域关系及与之相对应的工农产业发展关系。他指出城市的发展必须与“地区或乡村改良及耕作”（意指城乡工农产业）“保持相同的比例”，并称工农、城乡平衡增长、协调发展的关系为“自然进程”。这里的“保持相同的比例”，是指工农、城乡关系平衡增长。平衡增长的发展要求源于工农、城乡之间的相互依存性。工农两大部门之间相互提供产品市场，具有紧密的依存性。在经济发达地区，新型工农关系、城乡关系的初始状态（起点）存在一种紧密的依存性，即“工业部门≈城市，农村≈农业部门”。由于本书着重研究分析城市待遇与农村待遇的差距，而城乡待遇差距与由工业利润与农村剩余之和决定的总剩余相关。可以分总剩余为零、总剩余大于零两种情形进行分析。

（一）总剩余为零时的平衡增长

总剩余为零的平衡增长的含义是工业部门的利润为零，农业部门的剩余为零，不追加相应投资。它实质是一种简单再生产，两个部门的生产在原有规模上进行。

换句话说，这是一种简单再生产条件下的平衡增长。由于是简单再生产，为简化分析，假设不存在农业剩余与工业利润，不存在投资，没有工业资本品。

（二）总剩余大于零时的平衡增长

总剩余大于零的平衡增长的含义是工业部门的利润与农业部门的剩

余不为零。它实质是一种扩大再生产，两个部门的生产在扩大规模上进行。换个说法，这是一种扩大再生产条件下的平衡增长。分析经济剩余大于零时的平衡增长，可以清晰地看到平衡增长发展变化的全过程。此时，如何将工业部门利润与农业剩余之和在工业生产部门与农业生产部门之间按一定的比例进行资源配置，投资要实现什么样的目标，就成为需要进行不断权衡比较与选择的问题。

第二节　刘易斯—费景汉—拉尼斯模型

一、假设条件①

（一）无限供给的剩余劳动力

无限供给的剩余劳动力是刘易斯—费景汉—拉尼斯模型的基本假设条件。

（二）规模报酬收益不变

本书假设生产要素投入的规模报酬收益不变。

（三）存在户籍制度

与世界上其他国家相比，中国具有独特的户籍制度，而在刘易斯—费景汉—拉尼斯模型的假设条件中没有户籍制度，本书放松其约束条件，将户籍制度的存在作为模型的一个假设条件。户籍制度的特殊性使原有模型分析发生变化，得出的结论存在差异。为弄清这个差异产生的原因，需要分析户籍制度假设条件在模型运用过程中的特殊性。

户籍制度在模型运用过程中的特殊性表现如下：

① 刘易斯．二元经济论［M］．北京：北京经济学院出版社，1989.

1. 资源的极度短缺使户籍制度须成为资源配置的工具

户籍制度从“出生”那一天起，目的就是以计划手段合理配置粮食等资源，以至后来发展出粮票、布票等一系列以户籍制度为基础的收入分配制度，形成将短缺的资金、熟练劳动力、工业原料等生产要素集中在城市的资源配置制度。因此，从历史沿革看，户籍制度是资源配置制度的特殊产物（陆益龙，2008），自1978年改革开放后，尽管户籍制度阻碍了劳动力自由流动与城镇化进程，成为当代中国成为一个现代的、一流国家和全球领导者的主要障碍，但它依然强大而完整（Chan，2009）。当前户籍制度改革不断深化，由于依附在户籍制度背后的各种福利短时期内难以完全消除，直到今天，户籍制度的这个经济功能仍然存在，它成为本书研究问题的一个假设条件。

2. 户籍制度的外部性

外部性是指在决策者的考虑范围外所产生的低效率现象（兰德尔，1989）。设立户籍制度的初衷是以计划手段合理配置粮食等资源，研究证据表明，户籍制度形成了将农民“束缚”在农村农业部门、将工人“捆绑”在城市工业部门的城乡隔离状况。它的外部性作用表现在以下几个方面：

（1）户籍制度的城乡隔离作用使“工业≈城市，农业≈农村”成为一个“标准”状态。

国内外的学者们已经注意到了工业集中在城市、农业集中在农村这一两部门地理分布特征及其对城乡待遇的影响（Lewis，1954）。但是，让人难以想到的是，这个“标准”状态（本研究认为，从研究工农、城乡关系视角看，这个状态是一个可靠的可以作为研究起点的“标准”状态，因此在本研究中称其为“标准”状态）是依靠户籍制度的“隔离”，将农村与城市区隔开来形成的。当然，工业集中在城市，自然有交通便利、市场设施完善、产品销售渠道畅通等比较优势，农业集中在农村，有土地资源、农村劳动力资源丰富的有利条件。

（2）户籍制度的“堤坝效应”使经济发达地区在外围地区无限剩余劳动力的包围中率先跨过了刘易斯拐点。

可以想见，在经济发达地区的外围地区仍然存在大量的刘易斯所描述的“无限剩余劳动力供给”的时候，按照刘易斯的观点，只有当所有“海水”都被城市工业部门“汲干”，劳动力短缺的拐点才会到来。令人意外的是，在被外围地区无限剩余劳动力的“汪洋大海”包围时，经济发达地区依靠户籍的“堤坝”，将“汪洋大海”阻挡在外面，率先将“堤坝”内的本地剩余劳动力“汲干”。如果不是独特的户籍制度限制了农业剩余劳动力涌入苏州，筑起了阻挡“海水”的堤坝，使苏州地区成为一个相对封闭状态，这几乎是不可能发生的事情。

与此相反，如果没有户籍制度的“堤坝效应”，当大量的农村剩余劳动力过于集中于某一个大城市时，如上海、北京、广州等一线城市，无疑会推迟当地刘易斯拐点的到来，甚至可以合理猜测，由于持续不断地存在劳动力供大于求的情形，刘易斯拐点将被无限期地推迟。同时，随着农村剩余劳动力的继续涌入，会陆续出现“贫民窟”，正如拉美国家曾经发生过的那样。

二、刘易斯—费景汉—拉尼斯模型

正如前文所述，本书研究的问题是经济发达地区新型工农、城乡关系模式，研究问题的核心是“人”，市民与农民是该研究问题中的行为主体。人口红利核心因素是劳动力的供大于求状态。“我们所需要的仅是在资本主义部门，劳动力供给超过需求这一状态①。”正是因为刘易斯所关注的这一状态存在，人口红利才成为可能。这个劳动力“蓄水池”被户籍制度隔离作用所形成的“户籍堤坝”分为两种情形。需要注意的是，在现实中这两种情形往往是同时存在、交替进行、同时发生作用的。

（一）第一种情形：户籍堤坝包围形成的剩余劳动力“蓄水池”内外两个阶段

根据刘易斯—费景汉—拉尼斯理论模型，建立产出与劳动力计量经济模型：

$$y_t^{[a]}=\alpha_0+\alpha_1 L_t^{[a]}+\alpha_2(L_t^{[a]})^2+\varepsilon_t \tag{3.1}$$

其中，$y_t^{[a]}$ 表示农业总产出时间序列，$L_t^{[a]}$ 表示农村劳动力时间序列，α_0 表示常数项，α_1 与 α_2 表示方程回归系数，ε_t 表示误差项。

对方程求导可以得到农村劳动力边际产出，将其与农村劳动力平均产出相对照，以证实刘易斯拐点是否存在：

$$AP_L=\frac{y_t^{[a]}}{L_t^{[a]}} \tag{3.2}$$

其中，AP_L 表示农村劳动力平均产出。

$$MP_L=\frac{\partial\ y_t^{[a]}}{\partial\ L_t^{[a]}}=\alpha_1+2\alpha_2(L_t^{[a]}) \tag{3.3}$$

其中，MP_L 表示农村劳动力边际产出。

随着资本规模的不断增加，生产可能性边界右移至 P_1，等产量线由 Q_0 右移到 Q_1、Q_2，生产规模随着资本规模的扩大而扩大。农村剩余劳动力 P_2 最终全部就业。P_2 点成为劳动力由剩余向非紧缺转变的转折点（见图 3.3）。

---

① 刘易斯．二元经济论［M］．北京：北京经济学院出版社，1989：111.

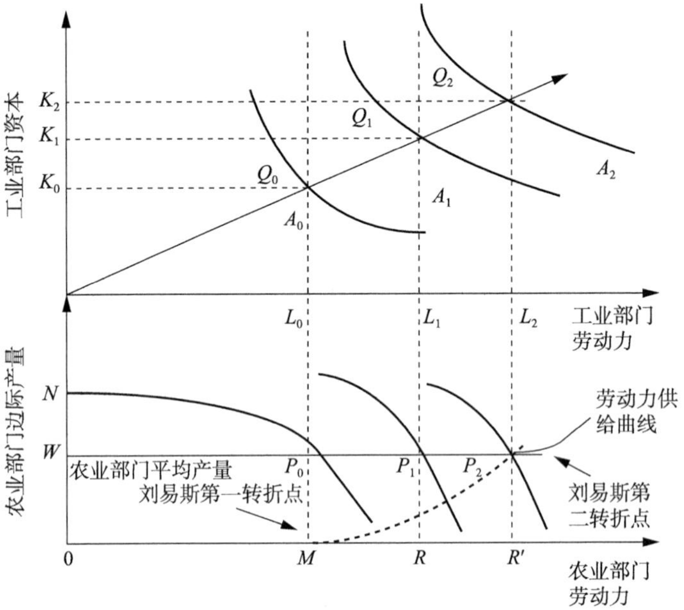

图 3.3　刘易斯拐点分析①

第一阶段：户籍堤坝围成的劳动力“蓄水池”内的剩余劳动力被“汲干”。

第二阶段：本地劳动力“蓄水池”（由本地户籍农村劳动力构成）被“汲干”后，城市工业部门开始“汲取”“蓄水池”外的剩余劳动力（由外地户籍农村劳动力构成）。

事实上，第一阶段与第二阶段在现实经济发展过程中应该是同时进行的。但由于户籍制度的作用，就业机会优先给予本地户籍的农民工，所以存在优先“汲取”本地劳动力“蓄水池”的现象，在无限剩余劳动力的“海洋”之中，户籍“堤坝”内的劳动力首先被“汲干”。这之后，就业机会才会轮到外地户籍的农民工。不仅户籍制度的“堤坝”把经济发达地区与外围地区划分成两个大面积的劳动力的“蓄水池”，

① John C. H. Fei, Gustav Ranis. Development of the labor surplus economy [Z]. Richard D. Irwin Inc., U. S. A., 1964: 203.

而且由于不同城区户籍制度的存在，经济发达地区内部也被划分为大大小小各不相同的剩余劳动力的小“蓄水池”。城乡之间待遇差距越大，城市吸引力就越大，吸引到的剩余劳动力越多，人口红利越多。相反，城乡待遇差距越小，城市吸引力越小，支付的代价就越高，吸引到的剩余劳动力越少，获得的人口红利越少。根据刘易斯关键条件定义，只要形成本地劳动力供给大于需求的状态，就形成了剩余劳动力的“蓄水池”，就能够获得人口红利，利用外地户籍的“人口红利”服务于本地的可持续经济发展。从城乡待遇差距的意义上看，一般情况下，最富裕的地区对最贫穷地区的劳动力吸引力最大，因为两者之间的城乡待遇差距最大，支付的代价相对较低。

（二）第二种情形：由农民到农民工，再从农民工到市民

借用刘易斯（Lewis，1954）的比喻，经济发达地区就像剩余劳动力汪洋大海中的“岛屿”，吸引着大海中所有的剩余劳动力。但是，由于经济发达地区的区情不同，经济发达地区的实际情况与刘易斯所说的情形存在着差异。随着 40 余年的工农、城乡关系发展，这些差异逐渐体现出来。

首先，城市工业部门待遇与农村农业部门待遇都得到较大程度的提高，剩余劳动力“汪洋大海”中的“岛屿”不再是一个，而是许多个。其次，由于户籍制度，每一个“岛屿”上都建立起了自身的“堤坝”。它们成了农村待遇与城市待遇的分界线。最后，为增强对农村剩余劳动力的吸引力，从而达到利用“人口红利”发展本地区经济的目的，各个“岛屿”开始出现农村待遇、城市待遇相互之间的竞争，以转变农民工户籍身份为增强竞争力的手段。例如，上海在 2000 年左右曾经实行的“蓝印”户口，即是此种竞争条件下的产物。由此，劳动力户籍身份开始变化。

户籍制度作为刘易斯二元经济理论模型外生变量，虽难以内生化，

但可以帮助我们解释刘易斯模型的变化。因此，选取与户籍制度直接相关的变量——城市户籍对应的城市待遇、农村户籍对应的农村待遇，建立了本书行为主体的行为选择方程，以帮助我们进一步理解刘易斯二元经济理论的相关内容在经济发达地区新型工农、城乡关系模式研究中的解释力。

第三节　户籍制度变迁绩效评价模型

户籍制度变迁绩效评价模型源自新制度经济学绩效评价模型。本书根据中国特有的户籍制度变化，进行了相关模型设定①。

一、假设条件

本模型的假设条件包括：①行为主体评价一致，节约全部用于扩大再生产。②市场需求非饱和，扩大再生产能顺利实现。③劳动力产出大于其所得，城市有更多的劳动力投入意味着城市和工业的发展。④$E_R<E_U$，即农民待遇 E_R 低于城市待遇 E_U。⑤城市待遇 E_U 由城市实际工资 W_{UA} 与城市制度工资 W_{UO} 构成。⑥农民待遇 E_R 由农村实际工资 W_{RA} 与农村制度工资 W_{RO} 构成。⑦$W_{UAY}>W_{UA}$，$W_{UOY}>W_{UO}$。W_{UAY} 表示市民在农民进城前应得的实际工资，W_{UOY} 表示市民在农民进城前应得的制度工资。由于农民工的存在，市民应得实际工资与应得制度工资被压低。

户籍堤坝效应的形成是修改旧制度“契约”、签订新制度“契约”的结果。新旧户籍制度变迁的过程中需要支付各种成本。这是经济发达

---

① ［美］丹尼尔·布罗姆利．经济利益与经济制度——公共政策的理论基础［M］．上海：上海三联书店．布罗姆利用该模型分析煤矿安全制度变迁。樊纲（1993）用该模型分析体制改革制度变迁，并给出了数理公式。

地区地方政府在户籍制度变迁过程中，对城市待遇、农村待遇高低及相关制度变迁成本进行选择与取舍的结果。

二、目标函数

地方政府的行为方程如下：

$$\max \Delta E = \max(E_U - E_R) \tag{3.4}$$

$$\text{s. t. } E_R < E_U;\ E_R > 0;\ E_U > 0$$

其中，E_U 表示城市待遇；E_R 表示农村待遇；ΔE 表示城乡待遇差距。

从吸引与利用劳动力角度看，对于地方政府而言，城市待遇与农村待遇差距大，对促进经济可持续发展有利。因为城市待遇与农村待遇差距越大，城市对农民工进城务工的吸引力越大，地方政府从低工资农村劳动力身上得到的利益越大，户籍堤坝效应的吸引力越强；城市待遇与农村待遇之间的差距越小，城市对农民的吸引力越小，地方政府从低工资农村劳动力身上得到的利益越少，户籍堤坝效应的吸引力越弱。当制度变迁的收益大于成本时，即潜在收益大于零时，制度变迁才会发生。户籍制度变迁过程中的潜在利润最大化，成为各行为主体的追逐目标。诺斯（North，1994）认为，“潜在利润”是一种在已有的制度安排结构中，行为主体已经察觉到但无法获取的利润，这种潜在利润的存在，说明资源配置存在帕累托改进的可能性，而且潜在利润必须通过制度再安排或制度创新来获取。为研究方便，本书将户籍制度变迁过程中的潜在利润简称为“户籍制度潜在利润”。各行为主体对户籍制度潜在利润的追逐动机，成为经济发达地区工农、城乡关系模式发展的动力，推动了苏州新型工农、城乡关系模式中户籍制度关系的变迁。

三、户籍制度变迁净收益

假设存在初始户籍堤坝“状态 1”和变迁后的户籍堤坝“状态 2”两种情形。从“状态 1”转变到“状态 2”称为户籍堤坝相关制度变迁过程。以 1978 年城乡分割状态作为“状态 1”，其净收益为 W_1；以改革开放后户籍制度变迁后状态为“状态 2”，其净收益为 W_2。ΔW 表示“状态 1”（变迁前）与“状态 2”（变迁后）之间净收益差额。这一变迁过程必须满足条件：

$$W_2>W_1+TC \tag{3.5}$$

其中，W_1 为“状态 1”的制度净收益（制度总收益-制度总运营成本）；W_2 为“状态 2”的制度净收益（制度总收益-制度总运营成本）；TC 为制度变迁前后发生的成本，本书将其定义为制度维护成本（含摩擦成本 FC 与变迁实施成本 IC）。

$$\Delta W=W_2-(W_1+TC) \tag{3.6}$$

当 $\Delta W>0$ 时，行为主体才会去推动直至最终实现户籍制度的变迁。尽管不同行为主体推动户籍制度变迁的动机、行为方式及产生的结果不同，但只有在户籍制度变迁获得的潜在收益为正时，才会发生户籍堤坝效应。

根据经验事实，户籍制度由中央政府颁布实施，其制定与维护成本主要由中央政府承担，而农民跨过户籍堤坝后享受的城市高水平公共服务成本由地方政府承担，本书研究的户籍堤坝成本为维护成本，而不是农民入城后的公共服务成本。正因为如此，公共服务水平越高的城市，地方政府越倾向于执行严格的户籍制度，以少负担农民进城落户后的公共服务成本。例如，在中共十八届三中全会提出实施户籍新政之后，北京、上海等特大城市至今仍执行相对严格的户籍制度。

综合来看，我们可以将地方政府户籍制度维护成本视为零，即

$TC=0$，从而有：

$$\Delta W=W_2-W_1 \tag{3.7}$$

即 ΔW 为“状态 2”的制度净收益 W_2 与“状态 1”的制度净收益 W_1 之间的差额。当 ΔW 为正时，各行为主体由于逐利动机，相互竞争博弈，引致户籍制度变迁。本书将制度变迁绩效评价理论模型用于分析经济发达地区新型工农、城乡关系模式户籍制度变迁过程。

第四章　经济发达地区新型工农、城乡关系模式选择

第一节　新型工农、城乡关系模式行为主体

在社会两大生产部门中，农村农业部门的农民、城市工业部门的工人都会做出追求自身经济剩余最大化的理性选择。针对不同的行为主体，经济剩余最大化可以分为价值最大化、利润最大化、政绩最大化、效用最大化等具体类型（见图 4.1、表 4.1）。

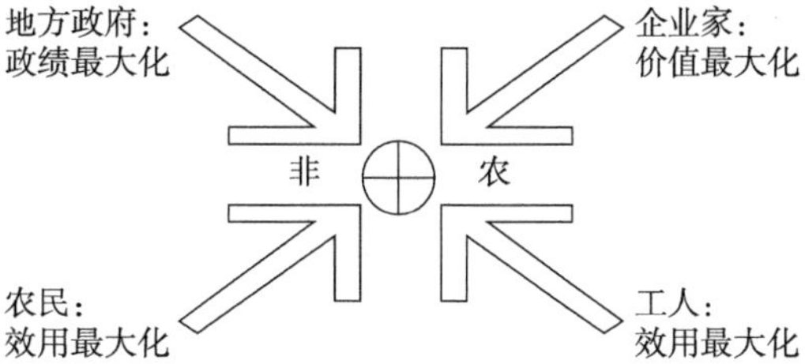

图 4.1　经济发达地区工农关系、城乡关系模式行为主体目标

表 4.1　经济发达地区新型工农、城乡关系模式的行为主体目标

经济主体	最优目标	主要路径	主要原因	备注
厂商（企业家）	价值最大化	农业产业→非农产业	非农产业价值远高于农业产业	非农产业生产效率高于农业产业的结果
地方政府（官员）	政绩最人化	“三农”为主→非农为主	非农政绩高于“三农”	例如，GDP 与政绩直接相关，非农 GDP 高于农业 GDP
消费者（农民）	效用最大化	农民→农民工	“城市待遇”高于“农村待遇”	农民既是消费者也是生产者，其经济行为选择与户籍身份有重要关系
消费者（工人）	效用最大化	工人→工人	“城市待遇”内部存在高低差别	城市户籍工人从低收入工种转向高收入工种

一、工人与市民

工人指完全或主要以出卖劳动力为生的劳动者①。在改革开放初期，中国特有的户籍制度将城市与乡村隔离开来，工厂与企业主要集中在交通较为便利的城市，工人通常指在工厂或企业工作的具有本地城市户籍身份的城市居民。当前，工人的来源与构成结构发生了变化，不仅有具有本地城市户籍的劳动力，也有具有外地城市户籍的劳动力。由于具有城市户籍，他们可统一称为市民。

市民经济剩余最大化目标不仅可以是城市制度工资与城市实际工资之和最大化，也可以是城市制度工资与农村实际工资之和最大化，一边享有城市户籍所带来的制度工资收入，一边获得城里人在乡下享有的高边际产出相关的农村实际工资。例如，市民下乡是城市支持农村的一种形式；城市机关干部到农村挂职是另一种形式；更多的是有一技之长的市民到农村推广科技、扶贫助困，促进农村发展。一方面，市民仍享有城市户籍身份相关的子女入学、住房补贴等城市制度工资收入；另一方面，由于具有较高的专业技术知识水平，适应了现代农业发展需要，在农村能得到比城市更高的实际工资，作为经济人，下乡市民追求的是农村实际工资与城市制度工资之和最大化。

二、农民与农民工

农民泛指从事农作物栽培、林业、牧业、渔业等职业的农村户籍人口。农民工是指具有农村户籍，从事城市工人职业的人。农二代是农村户籍的农民后代与城市工人职业的混合，沿袭了父辈的农村户籍身份，却没有继承父辈的农业劳动技能。农二代在生活习惯、思想观念上已基

① 李放．经济法学辞典［M］．沈阳：辽宁人民出版社，1986：18.

本上成为一个城里人，其既不属于农村——难以返乡，也不属于城市——难以融入城市，成为城市的“夹心层”。由于农村户籍制度的限制，农二代在就业、教育方面得到的经济资源较少，影响了其生产技能及人文素质的提高，难以满足城市产业需要。

劳动的边际生产率决定的实际工资与社会传统、习俗所决定的制度工资会在事实上“相互参照与攀比”，从这种意义上说，实际工资与制度工资之间存在一种间接关系，在农民进城与市民下乡情形下，产生了城市与农村待遇的最大化问题。农民工同时享有两种性质的工资——农村制度工资与城市实际工资，追求城市实际工资与农村制度工资之和最大化。

三、企业家

改革开放之初，除了城市待遇与农村待遇存在差距这个主要原因之外，还有一些相对而言次要的原因导致了城乡差异、工农差异。例如，城市的创业机会比农村要多。中国人在传统上都有“做生意”的“经济细胞”，由于城镇中集聚了大量的产业与人口，有发达的交通和基础设施及相对完备的市场，做点小生意是农民到城市来的动因。改革开放初期跑运输、经营农产品的“个体户”中多是这样的进城农民，当初大量的农民“个体户”也因而成为现代农民企业家及工业企业家。企业家的目标是逐利，也可称为追逐价值最大化。由于企业家（厂商）的概念为大家所熟知，也不是本书研究重点，所以不再赘述。

四、地方政府官员

地方政府官员的行为动机是追求政绩最大化。政绩最大化可以有多种表现：就业、收入、环境保护与民生有关，GDP 与经济业绩相关。其中最核心的考核指标是 GDP 指标，其他指标都是以 GDP 指标为基础建立的。

虽然在面对成千上万的生产经营选择上，农民、工人、企业家往往比地方政府更“理性”，但是地方政府在全社会的宏观发展角度上往往比农民、工人、企业家更有“远见”，当整个社会效率与农户或厂商的效率出现冲突的时候更是如此，具体表现在经济发达地区的公共基础建设，以及整个社会经济制度设计与运行等方面。

第二节　新型工农、城乡关系模式行为主体的目标函数

一、目标函数

为方便研究，按照发展经济学研究范式进行简化处理，将整个产业分为现代工业与传统农业两个部门，将经济行为的主体简化为市民与农民。于是，影响经济行为主体选择过程简化为对城市待遇、农村待遇高低的选择，待遇最大化成为各经济行为主体追逐的目标，经济行为的改变成为对城市待遇与农村待遇进行选择与取舍的结果。

市民目标函数：

$$\max U(C_U)$$

$$\text{s.t. } C_U \leqslant W_{UO}+W_{UA} \tag{4.1}$$

其中，$U(C_U)$ 表示城市市民的效用，C_U 为市民消费支出，W_{UO} 为城市制度工资收入，W_{UA} 为城市实际工资收入，市民以 $U(C_U)$ 最大化为目标函数。其约束条件为市民消费支出小于或等于城市制度工资与城市实际工资之和。

农民目标函数：

$$\max U(C_R)$$
$$\text{s.t. } C_R \leqslant W_{RO}+W_{RA} \tag{4.2}$$

其中，$U(C_R)$ 表示农村农民的效用，C_R 为农民消费支出，W_{RO} 为农村制度工资收入，W_{RA} 为农村实际工资收入，农民以 $U(C_R)$ 最大化为目标函数。其约束条件为农民消费支出小于或等于农村制度工资与农民实际工资之和。

二、行为选择方程

由于发展经济学中已建立起制度工资与实际工资的概念，结合经济发达地区户籍制度的特殊性，以及经济发展过程中的经验事实，将劳动力所享有的工资收入分为制度工资与实际工资两部分。考虑本书研究与阐述问题的需要，由行为主体目标函数推导出来的行为方程过于复杂且难以清晰阐述所要研究的问题，因此，本书构建了一个简化的行为选择方程：

$$y=f(W_{UO},W_{UA},W_{RO},W_{RA}) \tag{4.3}$$

其中，y 表示工资收入，W_{UO}、W_{UA} 分别表示城市制度工资、城市实际工资，W_{RO}、W_{RA} 分别表示农村制度工资、农村实际工资。

经过进一步具体化，得：

$$y=\begin{cases} W_{UO}+W_{UA} & W_{UO}+W_{UA}>W_{RO}+W_{RA} \\ W_{UO}+W_{RA} & W_{UO}+W_{RA}>W_{UA}+W_{RO} \\ W_{UA}+W_{RO} & W_{UA}+W_{RO}>W_{UO}+W_{RA} \\ W_{RO}+W_{RA} & W_{RO}+W_{RA}>W_{UO}+W_{UA} \end{cases} \tag{4.4}$$

由此，我们可以得到：

$$E_U=W_{UO}+W_{UA} \tag{4.5}$$
$$E_R=W_{RO}+W_{RA}$$

其中，E_U 表示城市待遇，E_R 表示农村待遇。

例如，农民受城市高工资的吸引，到城市打工超过 6 个月以后，成为准市民。

准市民的城市待遇：

$$E_U' = W_{RO} + W_{UA} \tag{4.6}$$

其中，E_U'表示准市民城市待遇，即有：

准市民城市待遇＝农村制度工资+城市实际工资

例如，城市农科所专业技术人员受农村高科技种植园聘请，指导现代农业生产，在农村打工超过 6 个月以后，成为一个准农民。

准农民的农村待遇：

$$E_R' = W_{UO} + W_{RA} \tag{4.7}$$

其中，E_R'表示准农民农村待遇，即有：

准农民农村待遇＝城市制度工资+农村实际工资

从目前的经验事实，以及现行土地法禁止城市户籍人口在农村拥有宅基地、承包地等相关政策与制度来看，农民向城市迁移仍是当前劳动力转移的主流。由于农民涌入城市后造成的交通、卫生、养老等方面压力城市难以承受，所以，虽然户籍新政取消了中小城市户籍制度限制（特大城市除外），但与户籍制度相关的各种福利待遇差别短期内仍难以消除。

三、比较与分析

本书使用比较静态分析的方法，对比分析经济发达地区新型工农、城乡关系模式中的行为主体各种选择情形，由于行为方程具有包容性特征，为研究方便，不仅对经济发达地区经济社会经验事实进行对比，还将与经济发达地区以外其他地区的经济社会经验事实对照，以准确解释行为选择方程的结果。

（一）城市待遇大于农村待遇组合

第一种情形：

$$E_U > W_{RO} + W_{RA} \tag{4.8}$$

城市待遇大于农村制度工资与农村实际工资之和。典型的社会群体为农民工与农二代。他们具有城市化倾向，希望入城，特别是拥有城市户籍，从而享有高于农村待遇的城市待遇。

第二种情形：

$$E_U > W_{UO} + W_{RA} \tag{4.9}$$

城市待遇大于城市制度工资与农村实际工资之和。这种情况下，城市对农民仍有一定的吸引力。例如，农民有建立在宅基地上的自有住房，工人有自购商品房，双方都享受类似或差不多的医疗社会保障等，此时双方转换户籍制度的愿望不强烈，属于中性。但由于城市相比农村有较多的工作机会与较高的实际工资报酬，农民仍愿意到城市打工，以获取与边际生产率相关的实际工资。典型的社会群体为农民工与农二代。

第三种情形：

$$E_U > W_{UA} + W_{RO} \tag{4.10}$$

城市待遇大于城市实际工资与农村制度工资之和。这种情况下，城市工人不愿下乡，但农民希望入城。典型的社会群体为农民工与农二代（见表 4.2）。

表 4.2　行为主体目标选择（一）

序号	待遇解析	人口流动倾向	户籍倾向	城乡倾向	典型社会经验事实
1	城市待遇>农村制度工资+农村实际工资	工人不下乡，农民入城	农村户籍转城市户籍	城市化	农民工、农二代
2	城市待遇>城市制度工资+农村实际工资	工人不下乡，农民入城	城乡户籍不变	中性	农民工、农二代
3	城市待遇>城市实际工资+农村制度工资	工人不下乡，农民入城	农村户籍转城市户籍	城市化	农民工、农二代

（二）城市待遇小于农村待遇组合

第一种情形：

$$E_U<W_{RO}+W_{RA} \tag{4.11}$$

城市待遇小于农村制度工资与农村实际工资之和。典型的社会现象为1998年及2008年金融危机农民工返乡。具有分散型城市化倾向，属于特例，农民希望回乡，从而享有高于城市待遇的农村待遇。在1998年及2008年金融危机中，为什么鲜见城市户籍工人下乡？理由显而易见，即使在生活水平严重下降的条件下，除非发生1959—1961年三年自然灾害时特殊情形，作为城市户籍约束下的工人，受社会习俗与生活习惯影响，难以做出下乡选择。而对农民工或农二代，返乡是理性选择。

第二种情形：

$$E_U<W_{UO}+W_{RA} \tag{4.12}$$

城市待遇小于城市制度工资与农村实际工资之和。其实质是在城市制度工资与农村制度工资相等条件下，城市实际工资小于农村实际工资。典型的社会现象是上海专业技术人才下乡支持经济发达地区农村建设。此时双方转换户籍制度的愿望不强烈，属于中性。但由于农村相比城市有较高的工资报酬，城市专业技术人才愿意到农村打工，以获取与边际生产率相关的实际工资，条件许可时，也可享受农村原生态的田园风光。

第三种情形：

$$E_U<W_{UA}+W_{RO} \tag{4.13}$$

城市待遇小于城市实际工资与农村制度工资之和。城市倾向为分散型城市化。典型的社会现象为经济发达地区郊区农民不愿转变农村户籍。其原因在于：农村住房是自家宅基地上建的永久住房，城市住房只有70年的土地使用期限。城市小区需要交物业管理费，且失去了农家小院的宽敞、安静与绿色环境（见表 4.3）。

表 4.3　行为主体目标选择（二）

序号	待遇解析	人口流动倾向	户籍倾向	城乡倾向	典型社会经验事实
1	城市待遇<农村制度工资+农村实际工资	工人下乡，农民不愿入城	城市户籍转为农村户籍	分散型城市化	1998 年及 2008 年金融危机农民工返乡
2	城市待遇<城市制度工资+农村实际工资	工人下乡，农民不愿入城	城市户籍不变	中性	上海专业技术人才支援苏州农村
3	城市待遇<城市实际工资+农村制度工资	工人下乡，农民不愿入城	城市户籍转为农村户籍	分散型城市化	上海郊区农民不愿转变农村户籍

（三）城市待遇等于农村待遇组合

第一种情形：

$$E_U = W_{RO} + W_{RA} \tag{4.14}$$

城市待遇等于农村制度工资与农村实际工资之和。

第二种情形：

$$E_U = W_{UO} + W_{RA} \tag{4.15}$$

城市待遇等于城市制度工资与农村实际工资之和。

第三种情形：

$$E_U = W_{RO} + W_{UA} \tag{4.16}$$

城市待遇等于农村制度工资与城市实际工资之和。

当城市待遇与农村待遇相等时，从第一种情形到第三种情形，都达到或接近一种理想状态。当制度工资与实际工资相等时，工农、城乡在人均收入、就业与教育机会、社会保障等方面差距为零或接近于零。当户籍制度不再成为资源配置的工具，建立在户籍制度上的农村待遇与城市待遇趋于相等时，就是新型工农、城乡关系全面建成之时，也是城乡隔离政策所形成的户籍堤坝真正消失之时（见表 4.4）。

表 4.4 行为主体目标选择（三）

序号	待遇解析	人口流动倾向	户籍倾向	城乡倾向	典型社会经验事实
1	城市待遇=农村制度工资+农村实际工资	无明显倾向	户籍歧视不公消失	城乡发展一体化	工农、城乡关系协调
2	城市待遇=城市制度工资+农村实际工资	无明显倾向	户籍歧视不公消失	城乡发展一体化	工农、城乡关系协调
3	城市待遇=农村制度工资+城市实际工资	无明显倾向	户籍歧视不公消失	城乡发展一体化	工农、城乡关系协调

第三节 新型工农、城乡关系模式历史溯源与类比

一、历史溯源

经济发达地区新型工农、城乡关系模式均孕育于社会主义计划经济之中，发育成熟于社会主义市场经济改革建设过程中。各模式之间既有区别，又有联系。早在 1978 年前的计划经济时代，不同区域所蕴含的历史文化、习惯、传统、资源禀赋差异，就决定了市场经济时代经济发达地区新型工农、城乡关系模式呈现出的不同发展特征。换句话说，社会主义计划经济时代旧的传统工农、城乡关系模式中的核心因素，经过社会主义市场经济的扬弃之后，成为新型工农、城乡关系发展的条件，最终形成苏南模式、温州模式、珠江模式、苏州模式等不同类型的新型工农、城乡关系模式。

苏南模式一个重要特征是乡镇企业规模较大。乡镇企业的前身是社队企业，社队企业形成于 20 世纪 70 年代，其形成基础可以追溯到 1952 年的传统手工业。苏南模式产生的背景是人多地少，传统农业与现代工业相互支撑、相互促进。由于传统农业边际产出低，农民需要从事更多

的兼业劳动，以养家糊口。在60年代“文革”期间，上海知识青年上山下乡带来了先进的生产技术，苏南地方政府财政困难需要增加财政收入，诸多因素结合，促进了苏南社队企业的发展。然而，在计划经济的桎梏之下，作为集体经济的社队企业不能从市场配置中得到更多的生产要素及市场需求，虽初具规模，但难以持续发展、壮大。温州模式的产生与温州、台州地区传统的石刻、弹花等手工艺及民间自发的走乡串户、周游各地的文化、习俗存在密切关系。其企业类型多为个体商户或家庭企业，在改革开放前，多是挂靠在集体经济下的私营经济，多从投资少、成本与技术含量低、起步快的小商品开始，以家庭工业为纽带，进行专业化分工、生产与经营。珠江是历史上著名的侨乡，港澳台侨胞多，大批东南亚华侨来自珠江三角洲。珠江毗邻香港与澳门，交通便利，便于信息、人才与资金引入，土地资源丰富，利于融商融资。历史条件形成了珠江模式所特有的资源禀赋。在历史上，苏州模式发展过程一直是中国经济发展的一个缩影。费孝通于1936年界定与分析了中国农业经济典型模式“江村经济”模式，成为世界了解与透视中国经济的一个“窗口”。“江村”位于今天苏州市吴江区开弦弓村。早在改革开放以前，苏州就曾因以集体经济为主要经济所有制形式的社队企业闻名中国。但囿于当时处于计划经济时期的历史条件，受计划经济樊篱的束缚，社队企业并没有使农民真正走上富裕道路，也没有彻底改变农村的落后状况。苏州模式的市场经济改革启动于1978年改革开放以后，但在中共九大召开后的20世纪70年代初期已开始出现市场经济萌芽（刘明兴，2015），此时的工农、城乡关系属于旧的社会主义计划经济背景下的工农、城乡关系。改革开放后，市场经济的确立与发展使苏州模式发生翻天覆地的变化，原有的社队企业突破了计划经济的桎梏，利用市场资源配置成为地方政府主导的乡镇企业，经济效益不断攀高，持续推动本地经济发展（见表4.5）。

表 4.5 经济发达地区典型工农、城乡关系模式类比

区域	名称	时间	模式特征	观点来源
江苏省苏州市	苏州模式	1978—1994 年	乡镇企业为经济发展主体	陈俊梁（2010）、张晔（2005）、马丽平（2005）、李玉梅和王冬生（2004）、费孝通（1999）
		1995—2009 年	外资企业多，呈出口导向型特征，以由政府主导、由企业家创新为主	
		2010 年至今	自主创新，以地方政府主导为主。壮大民营经济，统筹协调，促进城乡一体化发展	
江苏省苏州市太仓县	苏州模式（太仓模式）	2004 年至今	实施公私合作伙伴关系（PPP）的“大病医保”保险、“政社互动”社会治理、“城乡统筹”社会保障，是在苏州工农、城乡关系进入成熟阶段以后，缩小城乡公共服务差距的典型模式	郑秉文和张兴文（2013）、骆华湘（2008）、顾秀英和胡一河（2005）等
江苏省苏州市昆山县	苏州模式（昆山模式）	1985 年至今	资本与劳动力、土地资源缺乏，地方政府建设的软环境优势明显。“农转工，内转外”，农业向非农产业转变、内贸导向向出口导向转变。借国外的资本与技术，以内陆劳动力实现经济发展。2011 年后着重提倡自主创新，实现经济转型升级	朱介鸣（2013）、徐晓伟（2012）、刘芳和郭忠兴（2005）、黄承圯（2002）等
浙江省温州市、台州市	温州模式	20 世纪 80 年代至今	民营经济是经济发展的主导力量，价值创造以企业家创新为主，市场分布由区际贸易向国际贸易转移，以民引外，民外合璧，近年来出现“房产泡沫”，经济发展速度相对缓慢	刘潇（2013）、郭守亭（2008）、任晓（2006）、中国社会科学院课题组（2006）、方立明和奚从清（2005）、赵伟（2002）
广东省广州市、深圳市等	珠江模式	20 世纪 80 年代至今	以加工贸易、外向经济为主，以利用外资为主要资金来源，以区外中西部农村剩余劳动力为人力来源，市场主导、非农产业推进城乡发展，近年来遇到产业升级困扰	熊辉（2013）、胡琳（2012）、陈林和龙自云（2011）、郑建宝（2010）、张晓群（2008）等
江苏省苏州、无锡、常州地区	苏南模式	20 世纪 80 年代至今	主要指苏锡常地区（起源地为苏州）通过市场经济改革实现非农产业化发展，推进工农、城乡发展的一种方式。主要特点是：在县乡级政府主导下，大力发展市场经济，建设乡镇企业，加快农村剩余劳动力转移	夏永祥（2011）、洪银兴（2007）、李雪根（2006）、费孝通（1999）

二、经济发达地区新型工农、城乡关系模式类型

（一）苏南模式

苏南模式始于20世纪80年代，是一种利用乡镇企业与市场经济推进工业化与城市化的工农、城乡关系模式。1978年启动市场经济改革后，农民可以自由地支配个人劳动力，人民公社制度解体，家庭联产承包制度得到推行。在地方政府主导下，社队企业转制为乡镇企业，农工互助得到加强。1998年后，乡镇企业转制为股份合作企业。股份制改革使企业经营的重点转移到强化技术创新与建立现代企业制度上，加大了农村富余劳动力转移力度，促进了当地农民市民化过程。

近年来面临的主要问题是外部市场环境恶化，利益条块分割，过度竞争与资源约束强化，经济增长乏力等。

（二）温州模式

温州模式始于20世纪80年代中期，是一种私营企业与市场经济、工业化与城市化互助互促形成的工农、城乡关系模式。其发展过程可以分为三个阶段：

第一阶段：以生产领域的家庭工业及流通领域的专业市场为主要特征。基于温州、台州地区传统的石刻、弹花等手工艺及民间自发的走乡串户、周游各地的习俗，企业类型多为个体商户或家庭企业。从投资少、成本与技术含量低、起步快的小商品开始，以家庭工业为纽带，逐步形成了遍布全国的专业化市场。

第二阶段：以产业联合为特征。由于个体商户及家庭企业存在规模小、科技创新能力弱、产品质量不高等不足，市场经济改革所形成的激烈市场竞争迫使家庭企业走向联合，优化市场专业分工，拓展产业链长度与宽度，以个体经济为基础，形成股份合作经济。

第三阶段：以产权、董事会及企业家制度形成，集团化经营趋势为特征。现代企业制度的建立成为股份合作经济发展的内在需要。

近年来需要解决的主要问题是产业结构优化升级与转型、地方政府调控能力有待加强、外资与民资协调发展等。

（三）珠江模式

珠江模式始于20世纪80年代初期，是一种积极利用外资、以外向型企业为主体、以市场经济为手段、推进传统农村产业实现工业化与落后农村地区逐步城市化的工农、城乡关系模式。外向经济与国家对外改革开放政策主导是珠江模式的核心特征。具体表现形式有：以来料加工、来件加工、来样加工及补偿贸易为主，其原料供应与市场销售均不在本地，以港澳地区为市场，以珠江三角洲为劳动力供应及制造中心，以利用外资为主要资金来源，以区外中西部农村剩余劳动力为人力来源，市场主导，非农产业推进城乡发展。外向型经济特征凸显。

近年来珠江模式在发展中遇到许多问题。以外向经济为主的珠江模式极易受国际经济环境影响，受2008年全球金融危机困扰，出现外贸出口量严重下跌、国际需求疲软等困难。目前的主要问题是产业升级困难，对策是充分运用市场竞争，淘汰部分产能过剩产业，提升企业自主创新能力，促进自主产业品牌建设。珠江模式同其他模式一样，面临用工成本不断攀高等不利条件，需要巩固外商投资规模，改变过去以优惠政策吸引外资的方式，以加强产业配套的方式引导外商投资，促进产业结构优化升级。

（四）苏州模式

苏州模式的时间起点为1978年，是在中国共产党第十一届三中全会后开始市场经济改革背景之下，建设中国特色社会主义市场经济进程中形成的。这个时间起点大多数学者与专家基本认同。苏州新型工农、城乡关系模式（为研究方便，简称“苏州模式”）是以工农互动为纽带，以工促农、以城带乡的工农、城乡关系模式，是苏南模式的起点、核心及再创新。

1978年至今，苏州工农、城乡关系发展过程可分为三个阶段：苏州模式的起飞阶段（1978—1994年）、苏州模式的发展阶段（1995—2009年）、苏州模式的成熟阶段（2010—2015年）。苏州模式不仅为中国经济发达地区工农、城乡关系模式发展提供了一个成功典范，而且对中国的其他类似地区乃至世界范围内的工农、城乡关系发展均有一定借鉴意义。相关研究内容在后文阐述。

三、经济发达地区工农、城乡关系模式类比

在改革开放之后的时间里，经济发达地区产生过苏南、温州、珠江、苏州四种具有典型意义的新型工农、城乡关系模式。不同模式的同质性与差异性并存。各模式之间的同质性体现在相互促进、相互影响的“学习效应”上，也存在于空间地理上的“相互包容”之中。各模式之间的差异性体现在不同模式之间相互竞争、博弈、扬弃上。各工农、城乡关系模式涉及的非农产业有金融行业、医疗卫生业、新兴产业，涉及的组织制度有社会保障保险、非农就业、社会治理等制度。不同模式之间相互学习与竞争，形成了与当地资源禀赋、文化、传统等制度环境、经济基础相适应的，具有各自特色的经济发达地区新型工农、城乡关系发展模式。

经济发达地区工农、城乡关系模式的类比可以从模式形成阶段与政府及市场关系两个角度进行分析与阐述。

一是从模式形成阶段角度看，在初期，各种模式同质性强、差异性弱。人口多、耕地少，农村中存在较多的富余劳动力，工业基础薄弱，城市化水平低，经济发展受到人民公社制度等计划经济时代制度的严重

制约，工农、城乡关系模式形成的背景及基本条件相似。在中期，各种模式同质性减弱、差异性增强。江苏苏南地区形成以集体经济所有制乡镇企业为龙头的苏南模式。浙江温州、台州地区利用当地石刻、竹编、弹花等手工艺，从资金少、起步快的小商品开始，形成以个体工商户的私营经济为主体的温州模式。广东广州、深圳等地区利用毗邻香港的区位优势，从来料加工、来件加工、来样加工及补偿贸易、原料供应与市场销售均在外地等各种形式的外贸加工开始，利用特区优惠政策优势，吸引广大内陆腹地劳动力及资金，形成了既有集体经济性质的乡镇企业，又有个体工商户私营经济的珠江模式。苏州模式是苏南模式的核心，在模式形成中期，苏州模式兼具苏南模式乡镇企业特色，苏州工业园、昆山的外贸经济已开始发展壮大，鼓励私营经济发展，技术创新、制度创新代替资本投入成为经济增长的新动力。在后期，苏州模式不仅具备原苏南模式的优点，以技术创新与制度创新为动力，更具备珠江、温州模式外向型经济与私营经济的优势，焕发出蓬勃的生命力。

二是从政府与市场关系角度看，温州模式与珠江模式多以市场为主导，而地方政府在苏州模式的形成与发展中起主导作用。苏州模式发展速度一直处于经济发达地区工农、城乡关系模式前列，1978 年至 2014 年的 GDP 平均增速高于同时期珠江模式与温州模式的发展速度。近年来，尽管地方政府实行政企分开，地方政府对市场的作用由主导作用向引导作用转变，但地方政府对工农产业及城乡经济发展的控制仅是形式与着力点不同，调控力度依然强劲。虽然苏南模式中地方政府同样发挥重要作用，但技术创新、制度创新乏力，最终导致了苏南模式的衰落。

综合来看，苏州模式涵盖“太仓模式”“昆山模式”，又兼具苏南模式地方政府主导集体经济的特色，是苏南模式的重心、解构与再创新，兼具外资经济、民营经济、地方政府主导的集体经济优点，充分体现了社会主义市场经济条件下，经济发达地区新型工农、城乡关系模式的内涵与特征。相对于其他模式，苏州模式更具有活力，代表了我国新型工农、城乡关系发展趋势。

第四节　选择苏州模式作为例证的原因

一、选择原则

1. 科学性原则

所选择的模式反映和揭示了新型工农、城乡关系发展过程中的规律，从经济学的角度总结与分析经济发达地区新型工农、城乡关系建立与发展过程中的经验与教训。

2. 客观性原则

所选择的模式是在我国工农、城乡关系发展过程中真实的、曾经发生或正在发生的经济发展过程的经验总结，能够客观地反映工农、城乡关系发展。

3. 可操作性原则

所选择的模式相关的研究方法是可行的，相关的研究数据可以搜集得到，研究模式所使用的理论基础具备。换言之，能够找到适合的数据、恰当的方法、适合实际情况的理论进行相关研究。

4. 典型性原则

能够体现新型工农、城乡关系模式的内涵，离这个目标最近，能很好地刻画新型工农、城乡关系的发展阶段、路径及特征。模式选择的典型性体现为模式的代表性强，可以反映全貌，可以深入分析。

5. 针对性原则

所选择的模式针对新型工农、城乡关系具体存在的问题，紧紧扣住问题的产生及形成过程，寻找问题形成的主要原因及相应解决对策。

6. 简洁性原则

为理论研究的方便与简洁，需要抽象与提炼出典型的规律与因素，以清楚地说明与阐述所要解决的问题。

7. 严谨性原则

所有的假设与分析过程经过科学、严谨的理论溯源与经验实证检验。尽可能准确、客观地描述新型工农、城乡关系模式的发展与变化过程，做到对研究问题最好的近似描述与分析。

二、影响因素

1. 主要影响因素

本书之所以选择苏州模式作为例证，主要影响因素有以下三个：

（1）典型性因素。截至 2015 年，苏州是中国城乡差距最小的区域之一。2008 年，苏州成为全国城乡一体化试点城市。苏州市 GDP 总量及人均 GDP 始终位居全国前列，经济发展迅速，这是苏州工农产业关系与城乡关系协调发展的成果，为苏州地方政府正确处理工农产业关系与城乡互促关系提供了条件。苏州是苏南模式的起点、核心与再创新，是地方政府主动对接国家宏观政策，主动适应国内、国际大环境变化，不断进行相关城乡及产业制度改革，促进工农、城乡关系协调发展的结果，是成功进行供给侧改革以及缩小工农、城乡差距的典型与典范，代表了我国工农、城乡关系模式发展的趋势与方向。苏州模式包括了“太仓模式”“昆山模式”，是“太仓模式”“昆山模式”的典型概括。所以，选择苏州模式既考虑了经济发达地区新型工农、城乡关系模式的典型性，又避免了经济地理上的复杂性，易于深入研究、分析总结规律、发现问题及形成原因，便于提出解决问题的对策、方法。

（2）区域辐射因素。苏州模式的研究成果对上海市统筹城乡发展，实现经济可持续发展具有重要意义。一方面，从经济区位上看，苏州与上海“接壤”，在经济地理区位上与上海处在同一经济区位。苏州距离上海约 30 分钟高铁路程，往返所需时间甚至低于上海市内地铁时间。现代交通的发展迅速拉近了苏州与上海之间的地理距离，将苏州纳入到上海经济圈中。从经济区位角度分析，苏州事实上已经成为上海的一个“卫星城”。由于上海的工农、城乡关系过于复杂与特殊，所以，选择上海的一个“卫星城”（苏州）作为对象，研究上海乃至东部经济发达地区实现城乡发展一体化，建设和谐工农、城乡关系问题，比较科学。另一方面，从改革开放后苏州经济发展过程看，上海经济发展有力地带动了苏州经济发展。以苏州昆山为例，1978 年，科技人才流入有力地促进了昆山经济发展；1992 年，受上海浦东开发区建立的影响，大量的外资，尤其是台资涌入苏州昆山，昆山成为台商聚集地，经济发展再上新台阶。

（3）历史传承因素。苏州历史悠久，人文荟萃，自古以来就是民族资本汇集之地，具有浓厚的商业历史文化传统。1936 年，费孝通以苏州开弦弓村（江村）为例，经过持续多年的研究，透视了中国近代工农、城乡关系发展模式及改革开放以后东部地区工农、城乡关系演变过程。悠久的历史与文化元素增添了苏州模式的研究价值。因此，无论是从历史还是从现状看，苏州模式均具有较强的传承性，经得起时间的检验，选择苏州模式能够更容易发现、总结出新型工农、城乡关系的发展规律。

2. 其他影响因素

本书在参考与引用相关研究文献与资料时，均从工农、城乡关系视角进行分析。搜集与整理了现有的媒体、国内外学者研究成果、政府公布的报告中所提出的相关经济发达地区工农、城乡关系发展各种模式，以剖析与解构苏州地区典型的新型工农、城乡关系发展模式。在研究过程中，力求避免以下情况：

（1）仅凭某报纸或文献资料上或相关电视报道中使用过“某某模式”之名，就将其归入本书研究的模式内容，如绍兴“资本经营”模式。个别地方政府受追求政绩的动机驱动，常会沽名钓誉，将某些毫无新意的政策措施或社会现象总结为“某某模式”，这类模式不是一个科学问题，不应列入本书研究范围。

（2）创新性不足的工农、城乡关系发展模式。这种确实存在的发展模式，由于开拓与创新性不足，不具有典型性，不应列入本书研究范围。例如，东莞模式由于其外贸代工烙印已经失去了往日的光环，而打造高新科技为主导的新模式正成为广东省政府新的发展选项。因此东莞模式不应列入本书的主要研究对象与内容。

（3）在同一个较小的地域范围内同时存在若干个典型的工农、城乡关系模式，相互交融、相互渗透，难以准确区分。应选择一个能体现典型特征的代表性模式进行研究。例如，在苏州市的行政区域范围内，同时存在昆山模式、太仓模式，而太仓模式又同时存在太仓社会保障模式与太仓大病医保模式，在这种现实中同时存在多个类似的工农、城乡关系发展模式情况下，应选择典型性较强、数据可得性高的模式作为本书研究的模式。

（4）具有一定创新性与典型性，但与工农、城乡关系模式无关，不应列入本书研究内容。例如，连云港文化发展模式，虽然有一定的创新性，但不是一个从经济学视角总结的模式，而是一个社会学研究的问题，与本书所研究的新型工农、城乡关系模式无直接关系，不应纳入本书研究的模式范围。

（5）按地名排列模式。从现有资料看，模式的类别多种多样。例如，治安模式、医保模式、社区建设模式等，不一而足。从本书所要解决问题的角度看，按地名排列的模式比较符合工农、城乡关系模式研究的需要。

（6）时期与地域因素。时期与地域范围的界定和模式选择范围与模式典型性之间的权衡关系相关，范围过大难以把握所要研究问题的实质，范围过小又缺乏总体宏观的高度。因此，本书所研究模式的时间范围是：改革开放后苏州工农、城市关系模式，研究时间跨度约 38 年。研究时间范围主要集中在改革开放后，除非必要，一般不牵涉改革开放前的经济发展问题。当然，由于经济发展是一个连续的过程，所以研究改革开放后的经济问题，难免涉及改革开放前的内容，但仅限于此，其他问题不作为本课题研究的重点与主要内容。本书所研究模式的地域范围是：主要集中在苏州地区，包括市区及所属县。除非必要，一般不牵涉苏州以外地域。当然，由于经济发展是一个相互作用、相互影响的过程，所以研究苏州模式，难免部分涉及苏州以外经济发达地区，更远甚至会涉及中部、西部地区，但仅限于此，它们不是本书研究的重点与主要内容，不进行深入的研究。

（7）数据来源因素。从研究数据取得的难易程度看，在经济发达地区各典型省市中，各地数据可获得性均不相同，从现有资料渠道看，广东省数据取得较难，江苏省较易。受本书所研究问题的时期与地域范围影响，数据主要来自苏州地区各类年鉴。如果没有特别说明，各类数据均源自 1983—2015 年《苏州年鉴》及 1984—2015 年《苏州统计年鉴》。

此外，需要特别指出，据苏州市各县相关统计资料实际情况，《苏州统计年鉴》始于 1984 年，1984 年以前的苏州市所属各县系统的统计资料鲜见。1978 年以前，由于苏州农村仍然实行政社合一的人民公社制度，即使搜索到部分零碎统计数据，其经济指标也以产值或实物量统计为主，主要反映人民公社时期的各项计划经济指标，体现为旧的计划经济背景下的工农、城乡关系，无助于本书的研究工作。鉴于此种情况，相关学者只好另辟蹊径，从政治经济学视角，使用地方政府人事干部数据分析相关经济问题，研究地方官员组织结构制度设计对市场经济的影响（刘明兴，2015）。因此，本书的主要资料来源于1978年社会主义市场经济改革启动以后的新型工农、城乡关系相关数据资料。

综上所述，苏州模式涵盖太仓模式、昆山模式，同时，又是苏南模式的起点、重心与再创新，兼具地方政府主导的集体经济、民营经济、外向型优点与特色，把苏州模式放在社会主义市场经济的大背景下分析，更能体现经济发达地区新型工农、城乡关系模式的特征，更科学、更客观、更具有说服力，经得起时间检验。本书选择以苏州模式为例，分析经济发达地区新型工农、城乡关系模式，将研究的切入点放在了研究问题中观层面，既可以从宏观上看问题，对经验事实进行归纳、提炼，也可以根据研究问题的需要，对经验事实进行演绎、推理；既可从微观上关注问题，管窥问题枝叶全貌，也可从宏观上把握研究问题，眺望森林远景，做到透过问题现象看本质，通过假设条件对复杂的经济学问题进行简化、抽象，着重分析复杂经济现象中主要的变量及其相互间的关系，深入研究经济发达地区新型工农、城乡关系模式的特征及发展规律。

第五章　经济发达地区新型工农、城乡关系模式形成机制

——苏州例证

第一节　新型工农、城乡关系模式形成阶段划分

一、基于霍利斯·钱纳里标准的阶段划分

如表 5.1 所示，霍利斯·钱纳里将经济发展分为三阶段、六层级。

表 5.1　霍利斯·钱纳里经济发展阶段划分

序号	1970 年人均收入（美元）	1998 年人均收入（美元）	时期	发展阶段
1	140 ~ 280	530 ~ 1200	初级产品生产	准工业化
2	280 ~ 560	1200 ~ 2400	工业化初级	工业化
3	560 ~ 1120	2400 ~ 4800	工业化中级	
4	1120 ~ 2100	4800 ~ 9000	工业化高级	
5	2100 ~ 3360	9000 ~ 16600	发达经济初级	发达经济（后工业化）
6	3360 ~ 5040	16600 ~ 25000	发达经济高级	

资料来源：H·钱纳里，等．工业化与经济增长的比较研究［M］．吴奇，等，译．1989：71；胡长顺．中国工业化阶段与新工业化战略［J］．经济研究参考，2000（60）：23（表 1）．

按霍利斯·钱纳里经济发展阶段标准可以将苏州新型工农、城乡关系发展过程分为准工业化、工业化初级、工业化中级、工业化高级四个阶段：

第一阶段为准工业化阶段：1978—1986 年。

自 1978 年改革开放至 1986 年，历时 9 年，苏州人均 GDP 从 968 美元上升到 1161 美元，属于准工业化阶段（见表 5.2）。

表 5.2　1978—1986 年苏州人均 GDP　单位：元、美元

年份	1978	1979	1980	1981	1982	1983	1984	1985	1986
GDP1	634	691	787	839	902	989	1280	1714	1935
GDP2	968	1028	1034	1036	1048	1040	1067	1103	1161

资料来源：根据中国统计出版社 1984—2015 年《苏州统计年鉴》数据整理。GDP1 指按当年价格计算的人均 GDP，单位为元。GDP2 指以 1998 年汇率折算的人均 GDP，单位为美元。

第二阶段为工业化初级阶段：1987—1994 年。

自 1987 年至 1994 年，历时 8 年，苏州人均 GDP 从 1218 美元上升到 2385 美元，由准工业化阶段进入工业化初级阶段（见表 5.3）。

表 5.3　1987—1994 年苏州人均 GDP　单位：元、美元

年份	1987	1988	1989	1990	1991	1992	1993	1994
GDP1	2338	3009	3182	3617	4178	6360	9258	12639
GDP2	1218	1355	1515	1530	1590	1669	1951	2385

资料来源：根据中国统计出版社 1984—2015 年《苏州统计年鉴》数据整理。GDP1 指按当年价格计算的人均 GDP，单位为元。GDP2 指以 1998 年汇率折算的人均 GDP，单位为美元。

第三阶段为工业化中级阶段：1995—2009 年。

自 1995 年至 2009 年，历时 15 年，苏州人均 GDP 从 2603 美元上升到 4446 美元，属于工业化中级阶段（见表 5.4）。

表 5.4　1995—2009 年苏州人均 GDP　单位：元、美元

年份	1995	1996	1997	1998	1999	2000	2001	2002
GDP1	15784	17474	19713	21733	23592	26692	30384	35733
GDP2	2603	2719	2691	2625	2544	2563	2608	2690
年份	2003	2004	2005	2006	2007	2008	2009	—
GDP1	47693	57992	68618	80116	94318	112872	122565	—
GDP2	3069	3214	3395	3610	3950	4431	4446	—

资料来源：根据中国统计出版社 1984—2015 年《苏州统计年鉴》数据整理。GDP1 指按当年价格计算的人均 GDP，单位为元。GDP2 指以 1998 年汇率折算的人均 GDP，单位为美元。

第四阶段为工业化高级阶段：2010—2015 年。

自 2010 年至 2015 年，历时 6 年，苏州人均 GDP 从 4989 美元上升

到 5243 美元，属于工业化高级阶段（见表 5.5）。

表 5.5　2010—2015 年苏州人均 GDP　　单位：元、美元

年份	2010	2011	2012	2013	2014	2015
GDP1	145229	167454	186207	199988	209305	—
GDP2	4989	5432	5506	5411	5243	—

资料来源：根据中国统计出版社 1984—2015 年《苏州统计年鉴》数据整理。GDP1 指按当年价格计算的人均 GDP，单位为元。GDP2 指以 1998 年汇率折算的人均 GDP，单位为美元。

二、霍利斯·钱纳里标准划分阶段的验证

在以苏州为例，对新型工农、城乡关系发展阶段进行划分过程中，本书先按照产值指标（人均 GDP）进行阶段划分，再按照劳动力指标进行划分。通常情况下，国际上通行的产业结构分析往往同时使用劳动力指标与产值指标（郭克莎，1999）。由于非农人口比率可以较好地反映人口城镇化水平，它常被视为城镇化率，既是工农产业发展的结果，又是城乡关系协调的显现，深刻体现了新型工农、城乡关系发展的重要趋势，因此，本书以非农人口比率作为劳动力指标，对上述阶段划分结果进行验证（见表 5.6）。

表 5.6　霍利斯·钱纳里新型工农、城乡关系发展阶段验证

序号	验证指标	指标数值	发展阶段
1	非农人口比率（%）	<30	前工业化阶段
2		30~50	工业化初期
3		50~60	工业化中期
4		60~75	工业化后期
5		>75	后工业化

资料来源：陈佳贵根据 H. 钱纳里等（1989）、库兹涅茨（1999）、科迪等（1990）、郭克莎（2004）、魏后凯等（2003）的有关资料整理。转引自陈佳贵，等．中国地区工业化进程的综合评价和特征分析［J］．经济研究，2006（6）：5.

第一阶段为前工业化阶段：1978—1995 年。

自 1978 年至 1995 年，历时 18 年，苏州非农人口比率从 16.55%持续上升，1995 年达到 29.47%，属于前工业化阶段（见表 5.7）。

表 5.7　1978—1995 年苏州非农人口比率

年份	1978	1979	1980	1981	1982	1983	1984	1985	1986
非农人口比率（%）	16.55	19.05	19.44	19.68	20.06	20.44	21.03	22.00	22.44
年份	1987	1988	1989	1990	1991	1992	1993	1994	1995
非农人口比率（%）	22.89	23.86	24.55	24.91	25.20	26.31	27.29	28.35	29.47

资料来源：根据中国统计出版社 1984—2015 年《苏州统计年鉴》数据整理。

第二阶段为工业化初期阶段：1996—2003 年。

自 1996 年至 2003 年，历时 8 年，苏州非农人口比率从 30.65%上升到 49.09%，属于工业化初期阶段（见表 5.8）。

表 5.8　1996—2003 年苏州非农人口比率

年份	1996	1997	1998	1999	2000	2001	2002	2003
非农人口比率（%）	30.65	32.38	33.52	35.83	42.61	45.78	46.98	49.09

资料来源：根据中国统计出版社 1984—2015 年《苏州统计年鉴》数据整理。

第三阶段为工业化中期阶段：2004—2009 年。

自 2004 年至 2009 年，历时 6 年，苏州非农人口比率越过 50%的临界点，从 2004 年的 50.36%上升到 2008 年的 58.50%，属于工业化中期阶段（见表 5.9）。

表 5.9　2004—2009 年苏州非农人口比率

年份	2004	2005	2006	2007	2008	2009
非农人口比率（%）	50.36	51.00	52.17	57.79	58.50	33.27

资料来源：根据中国统计出版社 1984—2015 年《苏州统计年鉴》数据整理。

其中，由于地市级统计年鉴质量有待进一步提高，个别年份没有提供非农人口相关数据。2009 年，《苏州统计年鉴》仅提供非农人口数，笔者依据《苏州统计年鉴》提供的全市人数推算出 2009 年苏州非农人口比率为 33.27%，与自 2004 年以来苏州非农人口比率趋势相比，其合理性有待新的统计数据公布之后，做进一步的分析。但这并不妨碍笔者继续进行相关的阶段验证研究。

第四阶段为工业化后期阶段：2010—2014 年。

自 2010 年至 2014 年，历时 5 年，苏州非农人口比率从 2010 年的 70.07%上升到 2014 年的 73.95%，属于工业化后期阶段（见表 5.10）。

表 5.10　2010—2014 年苏州非农人口比率

年份	2010	2011	2012	2013	2014
非农人口比率（%）	70.07	71.31	72.31	73.15	73.95

资料来源：根据中国统计出版社 1984—2015 年《苏州统计年鉴》数据整理。

三、验证结果与比较

本书依据霍利斯·钱纳里人均 GDP 标准划分了苏州新型工农、城乡关系发展阶段，而且，以非农人口比率为标准进行了后续验证工作。基于不同的阶段划分依据，得出了不同的阶段划分结果（见图 5.1）。

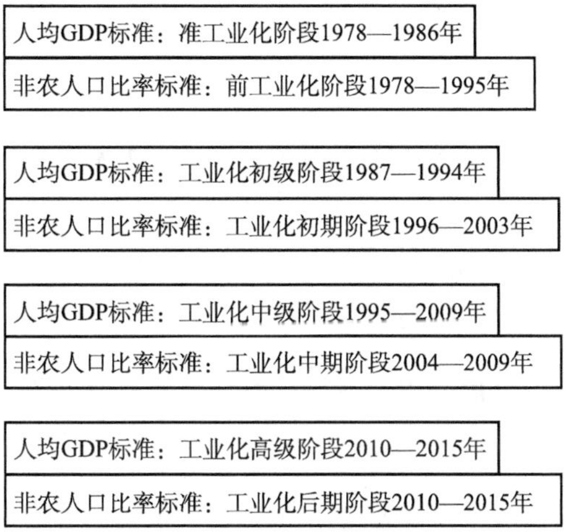

图 5.1　人均 GDP 标准与非农人口比率标准划分阶段对比

第一层次：依据人均 GDP 标准划分的“准工业化阶段”与依据非农人口比率标准划分的“前工业化阶段”时间跨度不同，两个阶段的时间起点均为 1978 年，但“准工业化阶段”的时间截止点为 1986 年，而“前工业化阶段”时间截止点为 1995 年，时间较长。

第二层次：依据人均 GDP 标准划分的“工业化初级阶段”与依据非农人口比率标准划分的“工业化初级阶段”时间跨度不同。“工业化初级阶段”的时间起点为 1987 年，时间截止点为 1994 年；而“工业化初期阶段”时间起点为 1996 年，截止点为 2003 年。

第三层次：依据人均 GDP 标准划分的“工业化中级阶段”与依据非农人口比率标准划分的“工业化中期阶段”时间跨度不同。“工业化中级阶段”的时间起点为 1995 年，“工业化中期阶段”时间起点为 2004 年，但两个阶段的时间截止点相同，均为 2009 年。

第四层次：依据人均 GDP 标准划分的“工业化高级阶段”与依据非农人口比率标准划分的“工业化后期阶段”时间跨度相同。两个阶段的时间起点相同，均为 2010 年，时间截止点也相同，均为 2015 年。

综上，本书通过对比发现两种阶段划分标准既有区别又存在相同点。不同之处在于各个阶段时间起始点与时间跨度不同；相同之处在于存在两个相同时间分界点，这两个时间分界点对苏州新型工农、城乡关系阶段划分具有重要意义。①依据非农人口比率标准划分的“前工业化阶段”涵盖了依据人均 GDP 标准划分的“准工业化阶段”及“工业化初级阶段”，其时间截止点分别为 1995 年与 1994 年。从经验事实上看，苏州新型工农、城乡关系发展阶段的分界点是一个时间段，而非一个绝对静止的分界点，因此，可以认为此时间分界点（1994 年）基本吻合。②依据非农人口比率标准划分的“工业化中期阶段”与依据人均 GDP 标准划分的“工业化中级阶段”时间截止点同为 2009 年。因此，通过上述分析，可以得出验证结论，按霍利斯·钱纳里人均 GDP 标准划分的阶段分界点具有一定的合理性及科学性，为深入研究苏州新型工农、城乡关系提供了条件。本书根据上述研究结果，以经过验证后的两个相同时间分界点（1994 年、2009 年），将苏州新型工农、城乡关系发展阶段划分为起飞阶段（1978—1994 年）、发展阶段（1995—2009 年）、成熟阶段（2010—2015 年）。

第二节　新型工农、城乡关系模式形成阶段的分析

一、起飞阶段

苏州新型工农、城乡关系模式起飞阶段时间跨度为 1978—1994 年，历时 17 年。

（一）关键性最低努力

为便于研究与对比分析，将农村剩余人口转移速度与人口自然增长率分别单列，将前者小于后者称为关键性最低努力。从表中所列数据可以看到，1979 年苏州人口自然增长率为 8.35‰，1994 年人口自然增长率为 2.53‰；1979 年农村剩余劳动力转移速度为 4.11%，1994 年农村剩余劳动力转移速度为 3.42%，其间虽然有所波动，但从平均趋势上看，1979 年至 1994 年，苏州工农、城乡关系处于起飞阶段时人口自然增长率高于农村剩余劳动力转移平均速度（见表 5.11）。究其原因，在 1994 年以前，由于人口基数过大，人口计划生育政策虽执行多年，农村剩余劳动力转移速度不断加快，但总体效果仍不明显。

表 5.11　1979—1994 年人口自然增长率与剩余劳动力转移速度

年份	1979	1980	1981	1982	1983	1984	1985	1986	1987
人口自然增长率（‰）	8.35	5.24	10.86	8.23	1.46	−0.08	3.58	7.93	8.33
剩余劳动力转移速度（%）	4.11	11.96	6.95	9.58	9.72	15.93	12.15	8.33	3.89

续表

年份	1988	1989	1990	1991	1992	1993	1994	平均值
人口自然增长率（‰）	7.07	7.41	6.63	4.43	3.34	2.84	2.53	5.51
剩余劳动力转移速度（%）	1.91	-2.39	-1.56	0.28	2.76	0.61	3.42	5.48

资料来源：根据中国统计出版社 1984—2015 年《苏州统计年鉴》数据整理。

（二）起飞阶段的城镇化

通常情况下，以非农人口比率代表城镇化水平。如图 5.2 所示，1978 年苏州全市人口为 571.43 万人，非农人口为 161.98 万人，城镇化水平为 16.55%，1994 年苏州全市人口为 506.27 万人，非农人口为 88.81 万人，城镇化水平为 28.35%，增长 11.8 个百分点。从趋势上看，1978 年至 1994 年，苏州工农、城乡关系处于起飞阶段，城镇化水平平均值为 22.59%①。

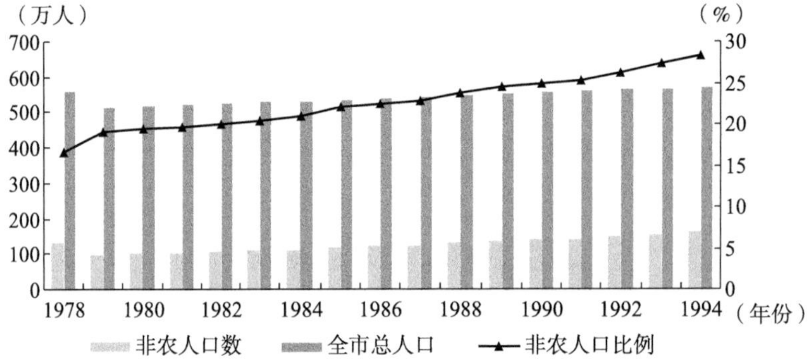

图 5.2　1978—1994 年新型工农、城乡关系起飞阶段城镇化水平

（三）起飞阶段资本投入依赖程度

如图 5.3 所示，1978 年至 1994 年，资本—劳动力比率呈现逐渐减小的趋势，其原因是农村剩余劳动力增加速度大于资本增加的速度。1981 年，改革开放政策推动投资形成资本—劳动力比率的高点 197.99%；1992 年，邓小平同志南方谈话拉动形成资本—劳动力比率的

① 根据中国统计出版社 1984—2015 年《苏州统计年鉴》数据整理。

又一投资高点96.91%；其他年份，资本—劳动比率基本呈现下降趋势。表明起飞阶段以劳动密集型经济为主，以提高投资速度加速农村剩余劳动力转移，对资本投入的依赖程度较高①。

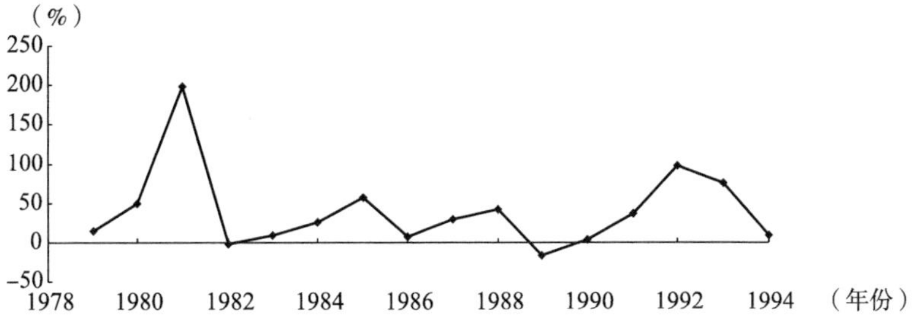

图5.3　起飞阶段资本-劳动力比率

如图5.4所示，1979年苏州人均资本增加速度为15.28%，人口自然增长率为8.35‰，人均资本增加速度高于人口自然增长率。受改革开放各项政策推动，1981年人均资本增加速度为197.99%，人口自然增长率为10.86‰。除1989年人均资本增速跌为负值外，基本上人均资本增速均高于人口增速，表明起飞阶段资本投入对苏州工农、城乡关系发展避免陷入"马尔萨斯人口陷阱"具有重要作用。

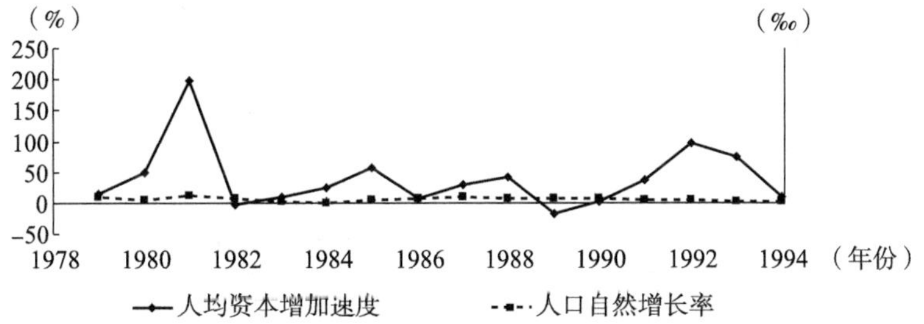

图5.4　起飞阶段人均资本增加速度与人口自然增长率

如图5.5所示，1978年到1994年，苏州人均资本增速多处在高于农村剩余劳动力转移速度状态，对农村剩余劳动力转移产生推力。1981

① 根据中国统计出版社1984—2015年《苏州统计年鉴》数据整理。

年，受改革开放政策推动投资影响，人均资本增速提高到 197.99%，农村剩余劳动力转移速度为 6.95%。1992 年，受邓小平同志南方谈话影响，人均资本增速达到 96.91%，农村剩余劳动力转移速度为 2.76%。1978—1994 年，人均资本增速平均值为 39.67%，农村剩余劳动力转移速度平均值为 5.48%，除特殊情况外，农村剩余劳动力转移速度随着人均资本增速提高而提高①。

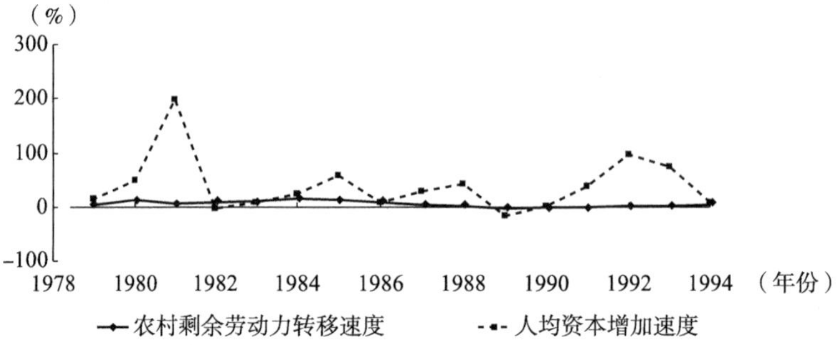

图 5.5 起飞阶段农村剩余劳动力转移速度及人均资本增加速度

（四）起飞阶段的产业结构变动

1. 起飞阶段的产业产出结构变动

如表 5.12 所示，1978 年苏州一二三产业产出比重分别为 28.1%、55.7%、16.2%；1994 年一二三产业产出比重分别为 9.5%、61.4%、29.1%。

表 5.12 1978—1994 年苏州三次产业 GDP 结构（%）

年份	1978	1979	1980	1981	1982	1983	1984	1985	1986
第一产业	28.1	27.1	24.7	22.3	25.3	22.7	25	19.7	21
第二产业	55.7	54.4	58.6	59.9	58	58.6	57.6	61.6	59.2
第三产业	16.2	18.5	16.7	17.8	16.7	18.7	17.4	18.7	19.8

① 根据中国统计出版社 1984—2015 年《苏州统计年鉴》数据整理。

续表

年份	1987	1988	1989	1990	1991	1992	1993	1994	平均值
第一产业	19	17.9	16.9	17.3	15.2	11.3	9.5	9.5	19.56
第二产业	60.7	61.3	59.9	61	62.6	64.2	63.9	61.4	59.92
第三产业	20.3	20.8	23.2	21.7	22.2	24.5	26.6	29.1	20.52

资料来源：根据中国统计出版社1984—2015年《苏州统计年鉴》数据整理。

2. 起飞阶段的三次产业劳动力结构变动

如表5.13所示，1978年苏州一二三产业劳动力比重分别为62.3%、27.1%、10.6%；1994年一二三产业劳动力比重分别为20.5%、55.3%、24.2%。1994年与1978年相比，第一产业劳动力比重降低41.8个百分点，第二产业劳动力比重上升28.2个百分点，第三产业劳动力比重上升13.6个百分点。

表5.13　1978—1994年苏州三次产业劳动力结构（%）

年份	1978	1979	1980	1981	1982	1983	1984	1985	1986
第一产业	62.3	61.5	58.3	56.5	53.1	49.8	42.3	36.7	31.7
第二产业	27.1	28.3	31.2	32.7	35.1	37.9	43.4	48.2	51
第三产业	10.6	10.2	10.5	10.8	11.8	12.3	14.3	15.1	17.3
年份	1987	1988	1989	1990	1991	1992	1993	1994	平均值
第一产业	29.7	28.2	29.4	29.7	29.3	27.1	24.6	20.5	39.45
第二产业	52.6	53	51.8	51.3	51.7	52.8	53.6	55.3	44.53
第三产业	17.7	18.8	18.8	19	19	20.1	21.8	24.2	16.02

资料来源：根据中国统计出版社1984—2015年《苏州统计年鉴》数据整理。

3. 起飞阶段的比较劳动生产率变动

如表5.14所示，1978年苏州一二三产业比较劳动生产率分别为0.45、2.06、1.53；1994年一二三产业比较劳动生产率分别为0.46、1.11、1.20。

表 5.14 1978—1994 年苏州三次产业比较劳动生产率变动

年份	1978	1979	1980	1981	1982	1983	1984	1985	1986
第一产业	0.45	0.44	0.42	0.39	0.48	0.46	0.59	0.54	0.66
第二产业	2.06	1.92	1.88	1.83	1.65	1.55	1.33	1.28	1.16
第三产业	1.53	1.81	1.59	1.65	1.42	1.52	1.22	1.24	1.14
年份	1987	1988	1989	1990	1991	1992	1993	1994	平均值
第一产业	0.64	0.63	0.57	0.58	0.52	0.42	0.39	0.46	0.51
第二产业	1.15	1.16	1.16	1.19	1.21	1.22	1.19	1.11	1.41
第三产业	1.15	1.11	1.23	1.14	1.17	1.22	1.22	1.20	1.33

资料来源：根据中国统计出版社 1984—2015 年《苏州统计年鉴》数据整理。

综合来看，起飞阶段主要依靠劳动密集型经济推动经济发展。究其原因，起飞阶段农村剩余劳动力较多，在劳动力不断向非农产业转移的过程中，第二产业、第三产业的比较劳动生产率趋向 1，劳动生产率水平趋向合理。第一产业比较劳动生产率基本保持稳定。

（五）起飞阶段人口红利

苏州新型工农、城乡关系模式的人口红利具有特殊性，表现为转折点到来之前的时段特别漫长。原因是户籍制度的“堤坝效应”形成了苏州市内与市外两个农村剩余劳动力“蓄水池”。苏州市内的农村剩余劳动力“蓄水池”被汲取干后，苏州市外“蓄水池”中的农村剩余劳动力才会被汲取以支持苏州市经济发展。只有当整个“大河”中的剩余劳动力之水全部干涸后，才会出现刘易斯-费景汉-拉尼斯理论模型所提出的真正意义上的断流。结果，人口红利形成被“户籍堤坝”划分为两个阶段：“户籍堤坝”围成的劳动力“蓄水池”内的人口红利被“汲干”（第一阶段）；“汲干”本地劳动力“蓄水池”（由本地户籍农村剩余劳动力构成）后，开始“汲取”“蓄水池”以外的人口红利（由外地户籍农村剩余劳动力构成）（第二阶段）。与此对应，农村剩余劳动力由农民转变为农民工，再从农民工转变为市民。苏州新型工农、城乡关系模式的人口红利具有特殊性，不仅再次验证了刘易斯-费景汉-拉尼斯理论模型的正确性，而且丰富了刘易斯两个转折点的内涵，深化了我们对中国特殊国情下人口红利在经济发展中作用的认识，为进一步研究新型工农、城乡关系起飞、发展、成熟阶段人口红利提供了依据。

1978 年至 1994 年期间，人口自然增长率与农村剩余劳动力转移速度进行着时间上的赛跑，随着改革开放政策的落实，1980 年苏州的人口自然增长率为 5.24‰，农村剩余劳动力转移速度为 11.96%，人口自然增长率首次被农村剩余劳动力转移速度超越（见图 5.6）。从总趋势看，随着计划生育政策长期化，人口增速开始降低，城市工业部门的发展吸纳农村剩余劳动力的人数越来越多①。

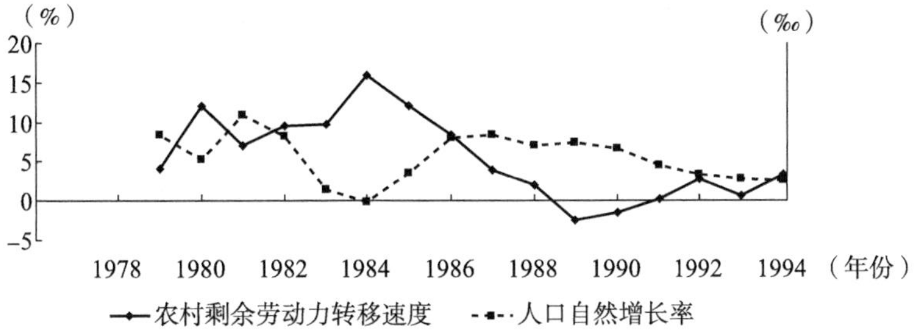

图 5.6　起飞阶段人口自然增长率与农村剩余劳动力转移速度

（六）起飞阶段特征

从数据分析结果看，在 1994 年以前，苏州新型工农、城乡关系发展虽然也使用了农村剩余劳动力，但主要是依靠资本偏向型的经济发展，没有有效利用本地最丰富的剩余劳动力资源。

1. 地方政府强势主导与推动地方经济发展

政府干预是起飞阶段的主要特征之一，可以从三个层次分析这个特征。

① 根据中国统计出版社 1984—2015 年《苏州统计年鉴》数据整理。

（1）苏州模式起飞阶段的社会与经济条件。1978 年改革开放初期，我国经济基础非常薄弱，社会经济中农业处于主导地位，工业虽经过新中国成立后多年的发展与积累，但仍然是一个相对较小的部门。由于农业生产效率不高，人民公社“大锅饭”体制下缺乏必要的劳动积极性，加之科学技术水平落后，整个农业生产效率不高，实行统一采购、统一供应、统一销售的农产品分配与流通机制，通过剪刀差转移农业剩余，以支持工业发展、支持城市发展。但由于农业人口不断增长，减少了农业剩余的转出，整个农业剩余对工业、城市的支持有限，减缓了整个社会经济发展的速度。需要一种力量扭转与改变这种不利局面，从客观上为政府干预经济提供了条件。

（2）计划经济体制仍居国民经济的主要地位。政府作为计划经济的领导者，掌控着计划经济的过程，发挥着决定性的作用。在改革开放初期，计划经济时期所形成的政府权威依然渗透在社会经济生活的各个方面，政府在调整经济发展方面仍具有巨大的影响力。加之数千年传统文化影响，政府干预经济管理成为最优选择。

（3）当时社会条件与经济基础需政府发挥主要的经济指导职能。改革开放初期的苏州，整个社会经济水平低，同新中国成立前的经济水平相比，并没有大的提高。工业基础薄弱，整个社会储蓄较少，难以为工业与城市的发展提供资金，整个农村人口增加但生产效率不高，富余劳动力较多。在计划经济基础上，土地由集体所有，几乎没有私人资本存在，整个经济活动缺乏活力。如何不断提高农业生产率以增加农业剩余？如何增强农业剩余对工业与城市的持续支持？除了政府，社会上没有什么组织、企业有能力解决这些问题，因此需要政府干预。

2. 原有工业基础比较薄弱

苏州工业起步晚，虽然有人民公社时期社队工业的多年发展与积累，但这种小农经济占优势的工业基础相对薄弱，距离工业现代化仍然遥远。而且无技术、文化素质低的农民占企业劳动力中的绝大多数，属于不熟练劳动力。无长远计划，没有产业规划引导，缺乏专业人才指导，产品附加值低，没有名牌产品。底子薄，缺少龙头企业，基本无产业集群。农业在产业结构中所占比重过大，第三产业发展停滞，科教水平落后，更谈不上自主创新能力。这种工业基础薄弱的情况一直持续到改革开放后，社队工业转变为乡镇企业才开始有所改善。

3. 市场经济基础薄弱，农村剩余劳动力众多，农业资源贫乏

由于新中国成立以来实行计划为主、以“一大二公”为表现特征的计划经济，市场经济被列为禁区，经济基础薄弱，导致就业机会少。苏州农村有大量剩余劳动力，年内有效工作时间不足 6 个月，大量的季节性或长期性富余劳动力成为苏州模式起飞阶段的一个特征。据统计，苏州 1978 年农村劳动力为 244.55 万人，占苏州全市 506.27 万人口的 48.30%。由于人口基数过大，尚没有实行计划生育政策，人口仍保持高速增长态势，农村剩余劳动力继续以较快速度增加，而耕地面积仅为 377020 公顷，农业资源贫乏①。

4. 具有典型城乡隔离特征的二元经济

从中国经济发展水平看，具有城乡隔离特征的二元经济虽大有好转，但并未完全改变，甚至进一步演变为城乡收入、就业等鸿沟。从全国角度看，可以将整个经济社会分为东中西部三个相互区隔的地区。从人均收入与非农就业差距状况来看，西部地区相对东部地区而言是“农村”，东部地区相对于西部地区而言是“城市”，中部地区是农村与城市过渡的“郊区”，使情况变得更为复杂。这种典型、复杂的二元经济特征覆盖与影响了苏州工农、城乡关系的起飞阶段。

---

① 根据中国统计出版社 1984—2015 年《苏州统计年鉴》数据整理。

5. 工农、城乡关系自促增长乏力

起飞阶段工业基础薄弱、社会储蓄较少，工农、城乡处于隔离状态。在计划经济时代形成的思想桎梏仍然束缚着人们的行为。地方政府消极等待、不敢作为现象严重，整个经济活动缺乏活力。在这样的社会经济背景下，尽管苏州地方政府强势主导与干预经济社会发展，有力地促进了新型工农、城乡关系发展，但毕竟积累不足，致使自促增长乏力。

二、发展阶段

苏州新型工农、城乡关系发展阶段时间跨度为1995—2009年，历时15年。

（一）关键性最低努力

如表5.15所示，苏州1995年人口自然增长率为1.53‰，2009年人口自然增长率为1.30‰；1995年农村剩余劳动力转移速度为-0.70%，2009年农村剩余劳动力转移速度为5.57%。从发展趋势上看，1995年至2009年，苏州工农、城乡关系处于发展阶段，人口自然平均增长率为0.60‰，农村剩余劳动力转移平均速度为4.43%，经过15年的高速发展，农村剩余劳动力转移速度不断加快，工农、城乡关系由城乡隔离状态向城乡融合状态发展，并已初见成效。

表5.15　1995—2009年苏州人口自然增长率与剩余劳动力转移速度

年份	1995	1996	1997	1998	1999	2000	2001	2002
人口自然增长率（‰）	1.53	0.82	0.07	-0.28	-0.22	0.58	-0.39	-0.27
剩余劳动力转移速度（%）	-0.70	-0.67	-1.60	-5.68	1.53	2.14	3.10	2.51

续表

年份	2003	2004	2005	2006	2007	2008	2009	平均
人口自然增长率（‰）	0.08	1.12	1.18	1.18	1.30	0.96	1.30	0.60
剩余劳动力转移速度（%）	11.10	6.54	12.94	12.33	14.29	3.04	5.57	4.43

资料来源：根据中国统计出版社 1984—2015 年《苏州统计年鉴》数据整理。

（二）发展阶段的城镇化

如图 5.7 所示，1995 年苏州全市人口为 572.91 万人，非农人口为 168.85 万人，城镇化水平为 29.47%，2008 年苏州全市人口为 629.75 万人，非农人口为 368.43 万人，城镇化水平为 58.5%。从趋势上看，1995 年至 2009 年，苏州工农、城乡关系处于发展阶段，城镇化水平平均值为 43.29%，比起飞阶段平均水平高 20.7 个百分点①。

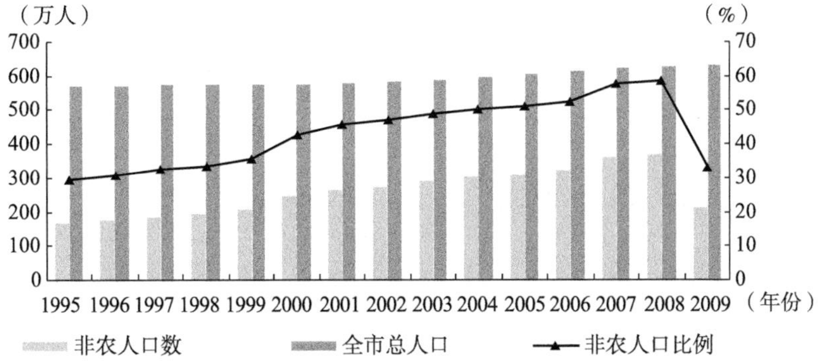

图 5.7　1995—2009 年苏州新型工农、城乡关系发展阶段城镇化水平

其中，由于地市级统计年鉴质量有待进一步提高，个别年份没有提供非农人口相关数据。2009 年，《苏州统计年鉴》仅提供非农人口数，笔者依据《苏州统计年鉴》提供的全市人数推算出 2009 年苏州非农人口比率为 33.27%，与自 2004 年以来苏州非农人口比率趋势相比，其合

① 根据中国统计出版社 1984—2015 年《苏州统计年鉴》数据整理。

理性有待新的统计数据公布之后，做进一步的分析。但这并不妨碍笔者继续进行相关的研究。

（三）发展阶段资本投入依赖程度

如图 5.8 所示，1995 年苏州资本-劳动力比率为 9.35%，后逐渐上行，最高点为 2003 的 56.03%，随后，资本-劳动比率呈现出逐渐减小的趋势。2003 年前后苏州市委提出率先基本实现现代化目标，促进了投资，2002 年资本-劳动力比率为 40.37%，2003 年资本-劳动力比率为 56.03%，随后呈波动下行状态，表明发展阶段以劳动密集型经济为主。2008 年资本-劳动力比率为 7.09%，2009 年资本-劳动力比率为 7.65%，表明发展阶段劳动密集型经济正在向创新驱动为主的技术密集型经济转化。农村剩余劳动力转移对资本投入的依赖程度转弱①。

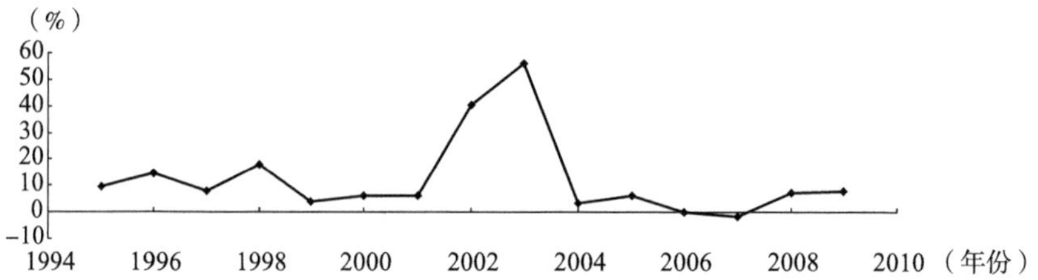

图 5.8　发展阶段资本-劳动力比率变化

如图 5.9 所示，1995 年苏州人均资本增加速度为 9.35%，人口自然增长率为 1.53‰，人均资本增加速度高于人口自然增长率。受 2003 年前后苏州市委提出率先基本实现现代化目标推动，2002 年人均资本增加速度为 40.37%，人口自然增长率为-0.27‰。2007 年受全球金融危机影响，人均资本增加速度为-1.73%，人口自然增长率为 1.3‰，

① 根据中国统计出版社 1984—2015 年《苏州统计年鉴》数据整理。

人均资本增加速度低于人口自然增长率。除个别年份外，人均资本增加速度基本处在高于人口自然增长率状态[①]。

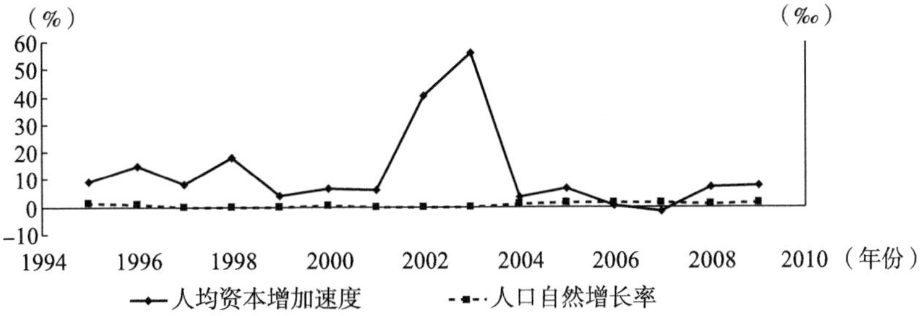

图 5.9　发展阶段人均资本增加速度与人口自然增长率

如图 5. 10 所示，1978 年至 2009 年，从起飞阶段到发展阶段，随着人均资本增速平均值由 39. 67%降低到 12. 42%，农村剩余劳动力转移速度平均值由 5. 48%降低到 4. 43%。2003 年前后苏州市委提出率先基本实现现代化目标，受此影响人均资本增速提高到 56. 03%，农村剩余劳动力转移速度提高到 11. 1%。随后，农村剩余劳动力转移开始由投资推动为主转向以技术创新推动为主，人均资本增速开始低于农村劳动力转移速度。2004 年，人均资本增速为 3. 58%，农村剩余劳动力转移速度为 6. 54%；2005 年，人均资本增速为 6. 5%，农村剩余劳动力转移速度为 12. 94%；2006 年，人均资本增速为 0. 3%，农村剩余劳动力转移速度为 12. 33%。2008 年，为应对全球金融危机影响，苏州实行扩大内需、促进投资政策，人均资本增速为 7. 09%，农村剩余劳动力转移速度为 3. 04%，人均资本增速返回到高于农村剩余劳动力转移速度状态[②]。

---

①② 根据中国统计出版社 1984—2015 年《苏州统计年鉴》数据整理。

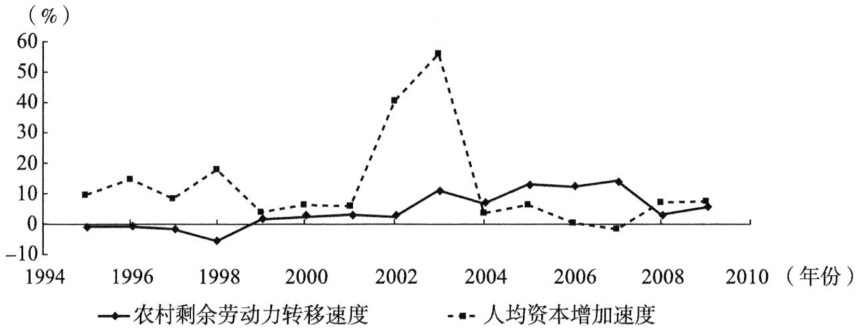

图 5.10　发展阶段农村剩余劳动力转移速度及人均资本增加速度

（四）发展阶段的产业结构变动

1. 发展阶段的产业产出结构变动

如表 5.16 所示，1995 年苏州一二三产业产出比重分别为 8.9%、60.2%、30.9%；2009 年一二三产业产出比重分别为 1.7%、58.7%、39.6%。第一产业产出比重平均值为 4.57%，第二产业产出比重平均值为 59.73%，第三产业产出比重平均值为 35.70%。

表 5.16　1995—2009 年苏州三次产业 GDP 结构（%）

年份	1995	1996	1997	1998	1999	2000	2001	2002
第一产业	8.9	8.8	7.8	7	6.5	5.9	5.2	4.4
第二产业	60.2	56.7	56.2	56.2	56.2	56.5	56.8	58.2
第三产业	30.9	34.5	36	36.8	37.3	37.6	38	37.4
年份	2003	2004	2005	2006	2007	2008	2009	平均值
第一产业	2.7	2.2	2	1.9	1.8	1.7	1.7	4.57
第二产业	63.2	65.7	64.8	64.3	62.1	60.2	58.7	59.73
第三产业	34.1	32.1	33.2	33.8	36.1	38.1	39.6	35.70

资料来源：根据中国统计出版社 1984—2015 年《苏州统计年鉴》数据整理。

2. 发展阶段的三次产业劳动力结构变动

如表 5.17 所示，1995 年苏州一二三产业劳动力比重分别为 20%、

55.2%、24.8%；2009 年一二三产业劳动力比重分别为 5.7%、60%、34.3%。

表 5.17　1995—2009 年苏州三次产业劳动力结构（%）

年份	1995	1996	1997	1998	1999	2000	2001	2002
第一产业	20	20.4	20.9	22.3	22	21	20.6	19
第二产业	55.2	53.8	52.3	50	48.7	49.8	49.4	49.9
第三产业	24.8	25.8	26.8	27.7	29.3	29.2	30	31.1
年份	2003	2004	2005	2006	2007	2008	2009	平均值
第一产业	15.9	13.6	11	8.4	7	6.5	5.7	15.62
第二产业	56.4	58.8	58.9	61.4	63.5	61.3	60	55.29
第三产业	27.7	27.6	30.1	30.2	29.5	32.2	34.3	29.09

资料来源：根据中国统计出版社 1984—2015 年《苏州统计年鉴》数据整理。

3. 发展阶段的比较劳动生产率变动

如表 5.18 所示，1995 年苏州一二三产业比较劳动生产率分别为 0.45、1.09、1.23；2009 年一二三产业比较劳动生产率分别为 0.30、0.98、1.15。

表 5.18　1995—2009 年苏州三次产业比较劳动率变动

年份	1995	1996	1997	1998	1999	2000	2001	2002
第一产业	0.45	0.43	0.37	0.31	0.30	0.28	0.25	0.23
第二产业	1.09	1.05	1.07	1.12	1.15	1.13	1.15	1.17
第三产业	1.23	1.16	1.10	1.12	1.22	1.18	1.15	1.23
年份	2003	2004	2005	2006	2007	2008	2009	平均值
第一产业	0.17	0.16	0.18	0.23	0.26	0.26	0.30	0.28
第二产业	1.12	1.12	1.10	1.05	0.98	0.98	0.98	1.08
第三产业	1.23	1.16	1.10	1.12	1.22	1.18	1.15	1.17

资料来源：根据中国统计出版社 1984—2015 年《苏州统计年鉴》数据整理。

综合来看，制造业仍是经济增长的主要支柱产业。

（五）发展阶段人口红利

1998 年，农村剩余劳动力转移速度在缓慢波动中受挫于东南亚金融危机，降到-5.68%，低于同期人口自然增长率-0.28‰。随着国家实行积极财政政策，加大投资力度，农村剩余劳动力转移速度逐渐回升。2008 年，受全球金融危机影响，农村剩余劳动力转移速度降为 3.04%，远低于 2007 年农村剩余劳动力转移速度 14.29%，但仍高于同期人口自然增长率 0.96‰。2009 年，农村剩余劳动力转移速度持续攀升至 5.57%，高于同期人口自然增长率 1.3‰。发展阶段的人口自然增长率与农村剩余劳动力转移速度平均值分别为 0.60‰、4.43%，人口自然增长率远低于农村剩余劳动力转移速度。人口红利得到了充分利用[①]。

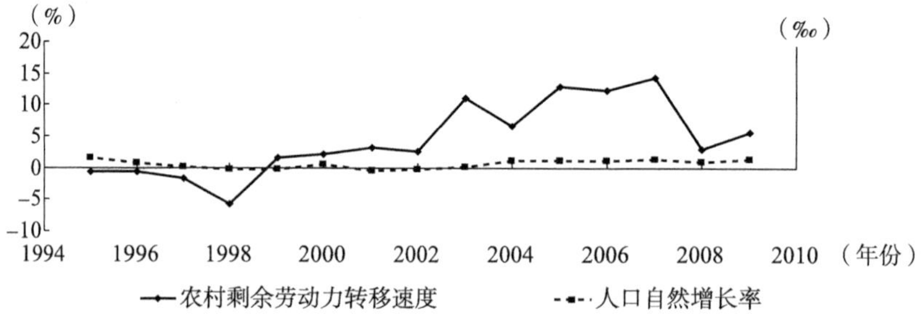

图 5.11　发展阶段人口自然增长率与农村剩余劳动力转移速度

（六）发展阶段特征

1. 农村经济发展成功经验促进了城市经济改革

1978 年以来的农村经济改革，取得了较好的经济与社会效果。农村改革成功为城市经济发展提供了宝贵的经验。农业的发展促进了工业发展，农村的进步促进了城市进步。工农、城乡的自促增长半径与范围从农村延伸至城市，从农业拓宽到工业，从农民影响到市民。工农、城

① 根据中国统计出版社 1984—2015 年《苏州统计年鉴》数据整理。

乡的自促增长的重心从农村转移到城市，最终体现为工农、城乡关系的全面发展。

2. 承包制弊端逐渐显露，现代市场经营制度初步建立

随着改革深入，人们发现，承包制并非万能。承包制适应了当时生产力发展的现状，适应了“简政放权”的需要，缓解了“控权”与“放权”之间的矛盾，对提高以全民所有制国企为主的工业部门生产效率发挥了重要作用。但承包制也存在各种各样的问题，诸如承包基数难以确定、包赢不包亏、厂长与经理滥用职权等，而且承包制并非万能，它不适应能源、军工、航空、交通等涉及国计民生、国家安全的特殊行业。随着改革开放的逐渐深入，承包制的各种弊端显露无遗。整个经济发展迫切需要新的经营方式，现代市场经济制度初步确立。此阶段农业部门沿袭了家庭联产经营责任制，为进一步提高劳动生产率，保证农户对土地的持续投入，政府出台政策不断保证延长土地承包期限，以提高农户参与劳动生产积极性。

3. 中西部农村剩余劳动力成为工农、城乡关系自促增长的新动力

工农、城乡关系的发展提高了苏州本地收入水平，吸引了大量外来务工者。为弥补苏州本地劳动力供给不足，苏州市政府设法解决外来务工者文化水平低、素质不高的问题，采取各种措施，组织培训、再教育，使外来务工者走上工作岗位。中西部农村剩余劳动力成为工农、城乡自促增长的新动力。

4. 外向型、资本密集型经济增长方式越来越受到重视

1994 年国务院批准苏州同新加坡合作共建工业园区，成为苏州大量引进外资的里程碑式事件。从此，外资企业成为推动苏州经济发展的重要力量。同时，由于资本稀缺状况没有得到根本改善，苏州地方政府出台相应税收、土地使用等优惠政策，继续大量引进国外资本，昆山地

区成为台资集中的地区。外资企业较好地吸纳了农业部门的剩余劳动力。在国外资本所带来的先进生产技术知识、经验及资金的支持下，苏州工业部门得到长足发展。2009 年苏州全市实现工业总产值 23704.56 亿元，与 1995 年工业总产值 1962.74 亿元相比，新增工业总产值 21741.82 亿元，增加 91.72%①。产业集群化进展迅速，工农产业协调发展，外向型、资本密集型经济增长方式越来越受到重视。

5. 随着经济发展，城市待遇与农村待遇构成日趋丰富

正如城市待遇与农村待遇的定义，它们分别由相应的制度工资与实际工资构成。在发展阶段，城乡居民收入的渠道与形式日益增多，苏州市城乡地区的城市待遇与农村待遇差距日益扩大，呈现更高的丰富性。苏州模式的另一个表现是其复杂的制度工资。苏州制度工资的复杂性源自其脱胎于计划经济。在刘易斯-费景汉-拉尼斯的模型中，农业部门的工资率是由制度决定的，它包括惯例、习俗、体制、社会结构等因素；工业部门的工资率主要是由市场竞争机制决定的，其他因素影响不大。苏州模式中制度工资的特殊性表现为工业部门的工资率仅部分地由市场竞争决定，而更大程度地受各种制度因素影响。中国有数千年的封建文化历史，新中国成立后，由半殖民地半封建社会直接过渡到社会主义社会，官本位等与制度、文化、习俗相关的思想根深蒂固，对工资率产生较大影响。例如，由计划经济脱胎而来的行政身份、等级制度对工业部门的工资率有重要影响，企业劳动力的工资率与局级、处级等行政身份挂钩。城市工业部门的待遇包括了医疗、工伤、失业、住房、子女教育等一系列的内容。也就说，苏州模式中的制度工资与发展经济学的制度工资理论相比，内涵有所不同。随着经济发展，城市待遇与农村待遇构成日趋丰富。

① 根据中国统计出版社 1984—2015 年《苏州统计年鉴》数据整理。

6. 城市户籍制度仍是阻滞工农、城乡关系自促增长的主要障碍

城乡户籍制度对城镇就业机会等方面的影响制约了工农、城乡关系的协调发展。1998 年苏州市新增城镇就业人口 6. 29 万人，占全市当期非农户籍人口 192. 88 万人的比例为 3. 26%，占苏州全市 1998 年新增非农户籍人口 6. 7 万人的比例为 93. 88%，其中来自本地农村的人口数为 1. 42 万人，在新增城镇就业人口中仅占比 22. 58%，其他为转业、复员军人和大中专、技术学校毕业学生等。绝大多数新增城镇就业机会给了城里人。城乡户籍制度仍是阻滞工农、城乡关系自促增长的障碍之一①。

三、成熟阶段

苏州新型工农、城乡关系成熟阶段时间跨度为 2010 年至 2015 年，历时 6 年。

（一）关键性最低努力

如表 5. 19 所示，从表中所列数据可以看到，2010 年苏州人口自然增长率为 2. 44‰，2014 年人口自然增长率为 4. 97‰；2010 年农村剩余劳动力转移速度为 35. 22%，2014 年农村剩余劳动力转移速度为 −0. 18%。从发展趋势上看，2010 年至 2015 年，苏州工农、城乡关系处于成熟阶段，人口平均自然增长率为 3. 43‰，农村剩余劳动力转移平均速度为 7. 27%，农村剩余劳动力转移平均速度高于人口平均自然增长率。原因是外来劳动力受苏州经济发展水平吸引，所占从业人员比例不断增加，促进了当地经济发展。2010 年，苏州统计局调整统计口径，剩余劳动力人数统计由户籍人口口径调整为常住人口口径，致使 2010 年剩余劳动力转移速度出现波动。

① 根据中国统计出版社 1984—2015 年《苏州统计年鉴》数据整理。

表 5.19 2010—2015 年人口自然增长率与剩余劳动力转移速度

年份	2010	2011	2012	2013	2014	平均
人口自然增长率（‰）	2.44	2.62	3.58	3.52	4.97	3.43
剩余劳动力转移速度（%）	35.22	0.59	0.54	0.16	-0.18	7.27

资料来源：根据中国统计出版社 1984—2015 年《苏州统计年鉴》数据整理。

（二）成熟阶段的城镇化

如图 5.12 所示，2010 年苏州全市人口为 1045.99 万人，非农人口为 732.93 万人，城镇化水平为 70.07%，2014 年苏州全市人口为 1060.4 万人，非农人口为 784.17 万人，城镇化水平为 73.95%。从趋势上看，2010 年至 2014 年，苏州工农、城乡关系处于成熟阶段，2014 年与 2010 年相比，城镇化水平增加 3.88 个百分点，城镇化水平平均值为 72.16%①。

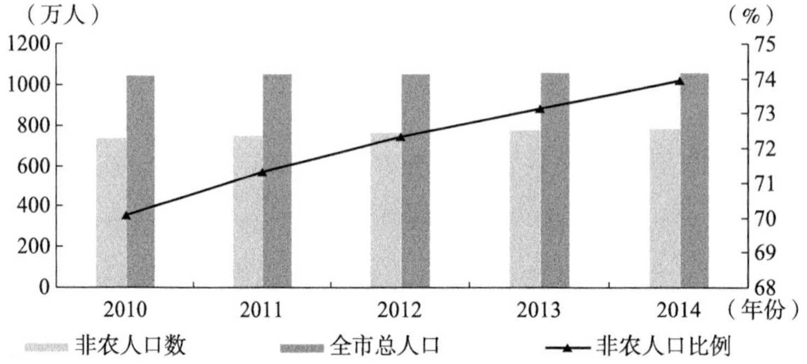

图 5.12 2010—2015 年新型工农、城乡关系成熟阶段城镇化水平

（三）成熟阶段资本投入依赖程度

如图 5.13 所示，受 2010 年从业人数口径由户籍口径转为常住口径影响，农村剩余劳动力增速锐减，2010 年苏州资本-劳动力比率为 -9.83%。本应随技术密集型经济发展趋势不断走强的资本-劳动力比

① 根据中国统计出版社 1984—2015 年《苏州统计年鉴》数据整理。

率，在波动中呈现出逐渐下行的趋势①。

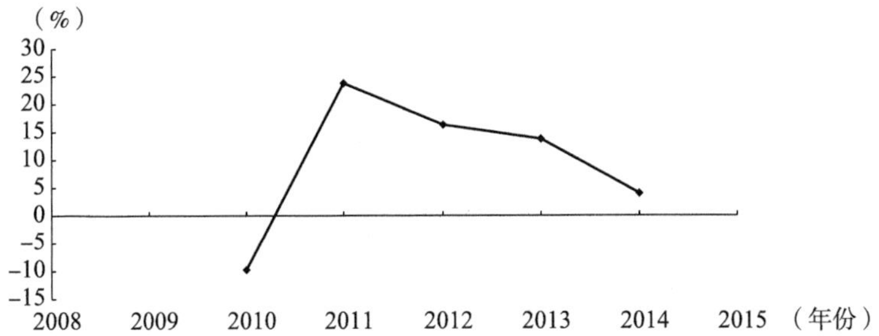

图 5.13 成熟阶段资本-劳动力比率变化

如图 5.14 所示，受 2010 年从业人数口径由户籍口径转为常住口径影响，2010 年苏州人均资本增速为-9.83%，人口自然增长率为 2.44‰，人均资本增加速度低于人口自然增长率。2014 年受 2013 年实施单独二孩计划生育政策调整影响，人均资本增加速度为 4%，人口自然增长率为 4.97‰，人均资本增加速度低于人口自然增长率。其余年份，人均资本增加速度处在高于人口自然增长率状态②。

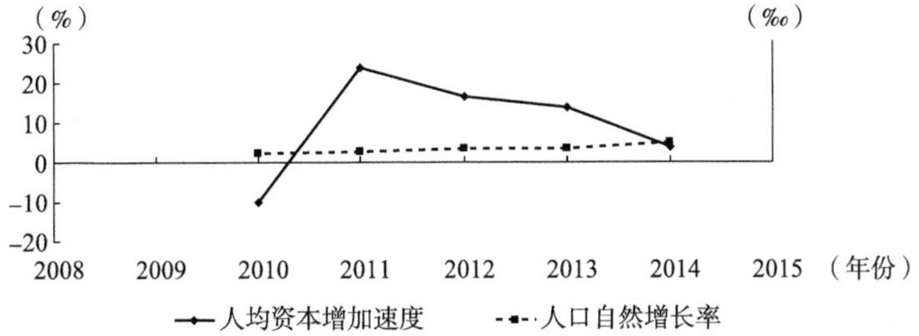

图 5.14 成熟阶段人均资本增加速度与人口自然增长率

如图 5.15 所示，经过多年经济发展，苏州新型工农、城乡关系进入到成熟阶段。本地户籍农村剩余劳动力基本实现全部转移。2010 年，人均资本增速为-9.83%，农村剩余劳动力转移速度为 35.22%。2011

①② 根据中国统计出版社 1984—2015 年《苏州统计年鉴》数据整理。

年至2014年，人均资本增速受全球金融危机应对政策影响，仍处于高位状态，而农村剩余劳动力转移速度在0~1%徘徊①。

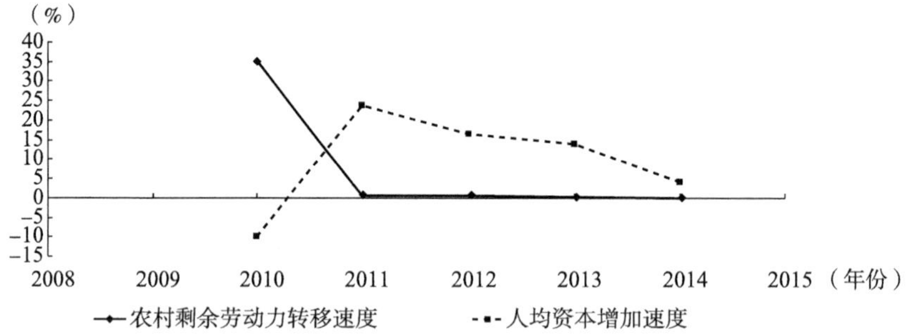

图5.15 成熟阶段农村剩余劳动力转移速度及人均资本增加速度

（四）成熟阶段的产业结构变动

1. 成熟阶段的产业产出结构变动

如表5.20所示，2010年苏州一二三产业产出比重分别为1.5%、56.9%、41.6%；2014年一二三产业产出比重分别为1.5%、50.1%、48.4%。

表5.20 2010—2015年苏州三次产业GDP结构（%）

年份	2010	2011	2012	2013	2014	平均值
第一产业	1.5	1.5	1.5	1.5	1.5	1.5
第二产业	56.9	55.6	54.1	51.9	50.1	53.72
第三产业	41.6	42.9	44.4	46.6	48.4	44.78

资料来源：根据中国统计出版社1984—2015年《苏州统计年鉴》数据整理。

2. 成熟阶段的三次产业劳动力结构变动

如表5.21所示，2010年苏州一二三产业劳动力比重分别为3.8%、62.2%、34%；2014年一二三产业劳动力比重分别为3.5%、

① 根据中国统计出版社1984—2015年《苏州统计年鉴》数据整理。

60.5%、36%。

表 5.21　2010—2015 年苏州三次产业劳动力结构（%）

年份	2010	2011	2012	2013	2014	均值
第一产业	3.8	3.7	3.7	3.6	3.5	3.66
第二产业	62.2	61.8	61.5	61.3	60.5	61.46
第三产业	34	34.5	34.8	35.1	36	34.88

资料来源：根据中国统计出版社 1984—2015 年《苏州统计年鉴》数据整理。

3. 成熟阶段的比较劳动生产率变动

如表 5.22 所示，2010 年苏州一二三产业比较劳动生产率分别为 0.39、0.91、1.22；2014 年一二三产业比较劳动生产率分别为 0.43、0.83、1.34。

表 5.22　2010—2015 年苏州三次产业比较劳动生产率变动

年份	2010	2011	2012	2013	2014	均值
第一产业	0.39	0.41	0.41	0.42	0.43	0.41
第二产业	0.91	0.90	0.88	0.85	0.83	0.87
第三产业	1.22	1.24	1.28	1.33	1.34	1.28

资料来源：根据中国统计出版社 1984—2015 年《苏州统计年鉴》数据整理。

综合来看，成熟阶段第一产业的产出、劳动力比重及比较劳动生产率均呈现稳定状态，本地农村剩余劳动力基本实现了非农化转移。成熟阶段技术创新型经济逐渐代替劳动密集型经济，经济发展方式处在转型之中。

（五）成熟阶段人口红利

如图 5.16 所示，受 2010 年从业人数口径由户籍口径转为常住人口口径影响，2010 年苏州农村剩余劳动力转移速度高达 35.22%，远高于 2009 年农村剩余劳动力转移速度 5.57%，也高于同期人口自然增长率 2.44‰。究其原因，经过多年发展，成熟阶段的本地户籍农村剩余劳动力已基本实现完全转移，“人口红利”释放第一阶段已近结束，本地户籍劳动力“蓄水池”已近干涸。苏州地方政府迫于压力，主动调整从业人口统计口径，“人口红利”开始进入第二阶段，外地农村剩余劳动力的“人口红利”逐步成为促进苏州本地经济发展的主要动力之一。2014年受2013年实施单独二孩计划生育政策调整的影响，人口自然增长率增长为4.97‰。2011年、2012年、2013年、2014年农村剩余劳动力转移速度持续走低，分别为0.59%、0.54%、0.16%、-0.18%，远低于同期人口自然增长率①。

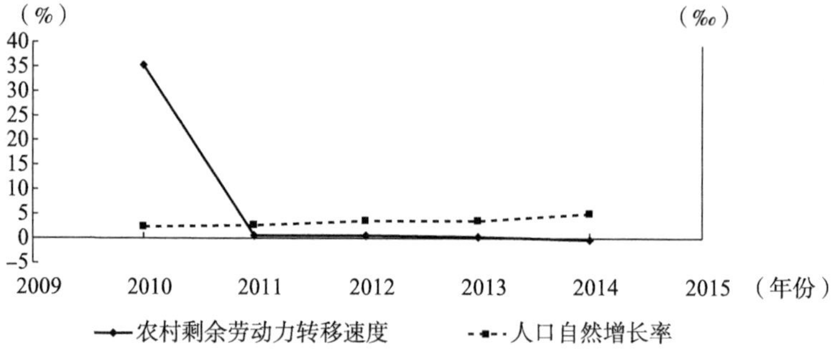

图5.16 成熟阶段人口自然增长率与农村剩余劳动力转移速度

（六）成熟阶段特征

1. 推进生产要素市场化，实现外向型经济到自主创新经济的转变

苏州模式在发展阶段时，以苏州工业园区建设为契机，外向型经济得到迅速发展。外向型经济以代工式服务为主，充分利用苏州丰富的剩余劳动力资源，开展转口贸易、进出口加工贸易。由于外资企业产业部门的产品设计与销售在国外，且由外方控制，国内产业部门在整个产业链上分配的利润较少。这种产业加工形式对于苏州模式的发展阶段是适应的，可以有效利用剩余劳动力，增加就业，促进经济发展。但在苏州

① 根据中国统计出版社1984—2015年《苏州统计年鉴》数据整理。

模式的成熟阶段，随着劳动力短缺现象——民工荒的出现，劳动力成本开始上升，要想取得更大的发展，必须改变代工经济地位，占据产业链条高端，将产品的设计与研发甚至销售转入国内。与此对应，苏州充分尊重市场规律，大力推进生产要素市场化，注重国内与国际两个市场生产要素的合理配置，积极开展自主创新，培养国内一流的设计人才，提高人力资本素质，使产业技术研发水平上台阶、上档次，占领高端市场，实现了外向型经济到自主创新经济的转变。

2. 拓展工农、城乡关系自促增长半径，对接“一带一路”倡议

全球金融危机对苏州产生重要影响，依赖外贸出口的昆山出口严重受阻，中小企业倒闭，大量农民工返乡务农。面对严重的产能过剩，国内市场尤其是农村市场需求严重不足，苏州模式开始又一次新的经济转型。开拓国内市场，减少外贸出口依赖，加强技术创新成为苏州模式成熟阶段的选择。2014 年，为实现经济发展可持续，苏州主动对接“一带一路”倡议，拓展工农、城乡关系自促增长半径与地域范围，突破传统产业向新兴产业转变的资源瓶颈，减少土地、环境污染、劳动力短缺、技术落后等约束条件的阻碍作用，并投入大量资金进行自主技术创新，推动苏州模式加快实现经济转型。苏州原先依赖的电子产品、模具加工、丝绸、服装加工等被新兴产业代替，产业结构升级换代基本完成，工农产业结构日趋协调。农村机械化水平大幅提高，集约化经营、规模化经营得到推广。

3. 自促增长方式增多，地方政府职能向引导经济发展转变

农民弱质性、小农的自利性决定了其在苏州模式起飞阶段无法完成将农业剩余向工业部门转移的任务，只有地方政府具备这一经济发展所需要的功能，因此乡政府在苏州模式起飞阶段发挥了关键作用。1978 年，计划经济时代的“社队企业”开始转变为市场经济改革中的“乡

镇企业”，直至建设现代企业制度，推行股份制。各级地方政府均是企业发展的组织者与领导者，对促进苏州工农、城乡发展发挥了重要作用。与苏州模式的起飞阶段、发展阶段相比，成熟阶段的地方政府控制呈现为逐渐放权的过程，实现了从控制到主导再到引导的转变。从苏州模式的发展过程与轨迹看，工农、城乡关系自促增长手段呈现多样化趋势，地方政府主导、市场主导、地方政府与市场共同主导等方式在建设新型工农、城乡关系方面均发挥了重要作用。

4. 城乡居民收入及公共服务均等化水平提高

经济总量的提升使资本节约型经济增长方式逐渐退出，新劳动法的实施使劳动力工资成本的支出及各种社会保障成本大幅增加，工农、城乡收入差距、就业机会不平等各种失衡现象较为突出。为此，苏州多年来不断进行制度创新，以工哺农，以城带乡，坚持实施惠农、强农政策，2015 年，苏州城乡差距开始呈现缩小趋势。政府不断提高支农、惠农力度，农村人均收入大幅度提高，农村社会保障体系成形，工农、城乡之间在收入与就业和社会保障方面的差距日渐缩小。城乡居民收入及公共服务均等化水平不断提高，已成为新型工农、城乡关系发展的方向。

5. 统筹协调，分工协作，工农、城乡关系自促增长内容更加丰富

苏州加强政府领导，统筹协调，分工协作，建立健全责任、措施、投入到位的跨部门综合管理体制。结合经济发展与环境保护，先后制定了《苏州市环境保护条例》等环境保护法规及相关制度，将工农、城乡关系自促增长的范围从经济方面拓展到环境方面。统筹与引导社会各方力量，持续加大环境保护有效投入。同时，按照“长三角”地区经济大市的定位，苏州加快促进环境保护区域合作，实现了城乡环境友好化。工农、城乡关系自促增长的内容更加丰富。

第三节　新型工农、城乡关系模式形成机制中的户籍提坝效应

学界有关户籍制度利弊问题的观点可归纳为以下三个：①弊端说。认为户籍制度存在诸多缺陷与不合理之处，户籍制度弊大于利。户籍制度影响劳动人口流动，包括适龄劳动人口与其他劳动人口，从而影响人口红利。认为中国户籍制度相关的公共政策明显失效，流动人口有可能危及社会稳定（Wong，1994）；户籍制度阻碍了劳动力自由流动，是城镇化进程与城乡人口迁移的主要障碍（Xu et al.，2014）。②中性说。侧重于户籍制度的作用与功能等分析，无明显倾向（张玮等，2008）。③有利说。认为当代的户籍制度是政府主动适应大规模人口流动的结果，可避免出现“贫民窟”与“城市病”（Torpey，1997；Thakur，2002）。在上述三种观点中，强调户籍制度缺陷与不合理之处，认为户籍制度弊大于利者居主流地位。上述不同的观点均影响了政府户籍制度改革的相关政策。

笔者认为，从现有研究成果看，虽然户籍制度确实存在诸多积弊，但学术界过于关注了户籍制度僵化、阻碍劳动力和其他资源自由流动等计划经济烙印，混淆了户籍制度在具体历史阶段下的作用，将户籍制度不同历史条件下发挥的积极作用与消极作用混为一谈，或者片面夸大户籍制度的消极作用。笔者认为户籍制度是中性的，在不同的历史条件下，其积极性与消极性表现具有规律性，并非一成不变。户籍新政提出全面放开（小城市）及严格控制（大城市）并行的户籍制度政策，同一政策呈现为截然相反的两个极端措施，看似相互矛盾，却绝非偶然，其中蕴含着户籍制度自身的现实合理性：户籍制度不仅可以阻碍劳动人口流动，也可以吸引劳动人口流动。不过，其因表现较为“隐晦”，而

被学术界所“忽略”。我们研究发现，户籍制度具有户籍堤坝效应，它对苏州就业吸引力产生积极作用，从而对苏州经济发展产生重要作用。

本书以户籍堤坝效应与苏州就业吸引力关系为研究对象，分析了苏州利用户籍堤坝效应，吸引本地及中西部地区劳动力到苏州就业的表现、路径及机理，阐述了户籍堤坝效应的现实合理性。主要内容依次为：户籍制度产生户籍堤坝效应的前提条件、户籍堤坝效应的经济学分析、户籍堤坝效应促成苏州就业吸引力的“两路径”及机理、户籍堤坝和户籍制度改革对新型工农、城乡关系模式的影响。

一、户籍制度产生户籍堤坝效应的前提条件

资源配置与“居民身份特区”是户籍制度产生户籍堤坝效应的前提条件。户籍制度及户籍堤坝效应在东部经济发达地区利用本地及外地农村劳动力促进本地经济发展过程中发挥了关键性的积极作用。

（一）户籍制度成为资源配置的重要手段

户籍制度的产生背景是资源紧缺，尤其是粮食严重供给不足的新中国成立初期。当时农村自由迁徙到城市的人口数量过多，造成粮食短缺，导致物价上涨，从而影响国民经济的正常运行，加上受苏联计划经济体制的影响，最终出现了要将农民“束缚”在农村农业部门、工人“留”在城市工业部门的城乡隔离的户籍制度。户籍制度从“出生”那一天起，目的即是以计划手段合理配置粮食等资源，以至后来发展出粮票、布票等一系列以户籍制度为基础的收入分配制度，形成将短缺的资金、熟练劳动力、工业原料等生产要素集中在城市的资源配置制度。因此，从历史沿革看，户籍制度是资源配置制度的特殊产物（陆益龙，2008），直到今天，户籍制度的这个经济功能仍然存在，而且表现明显。

（二）户籍制度形成了“居民身份特区”

以城乡分割为目的的户籍制度，将刘易斯（Lewis，1954）所提到的“工业集中在城市，农业集中在农村”这一两部门地理分布特征，演变成“工业部门↔城市↔城市户籍，农业部门↔农村↔农村户籍”这一城乡分割的“标准”状态。有了城市户籍才能在城市工作生活；工业主要布局于城市，因而就业于工业部门是城里人的专利；有城市户籍者可享受工业和城市的好处；国家优先在城市配置优质资源也就意味着优先支持工业和城市居民。与之对应，农民只能在农村生活，并从事农业生产，不能享受城市化和工业化的好处。为了方便说明问题，本书将这种状态称为“标准”状态。户籍制度正如堤坝横亘在“工业与农业”“城市与农村”“市民与农民”之间，形成了中国独有的“居民身份特区”。

（三）户籍制度及户籍堤坝效应在东部经济发达地区利用本地及外地农村劳动力促进本地经济发展过程中发挥了关键性的积极作用

在户籍堤坝效应排斥力不变的条件下，当户籍堤坝效应吸引力增强时，东部地区城市可以将本地城市户籍作为条件，面向符合条件的本地农民及外地劳动人口，利用与本地户籍制度相配套的高收入，高质量的托幼、小学、中学及高等教育以及高水平的医疗条件，充裕的就业机会及培训，完善的社会保障及养老条件，增强苏州就业吸引力。本地高质量的托幼、小学、中学及高等教育免除了外来劳动力的后顾之忧，同时也扩大了本地劳动力储备；外地劳动力获得本地户籍后，同工同酬，公平竞争，可有效降低本地原户籍劳动力工资上涨压力，降低本地经济发展成本。东部地区城市利用户籍堤坝效应增强就业吸引力，使之成为促进自身进一步发展的因素，促进了东部地区经济可持续发展。

当然，户籍制度及户籍堤坝效应不仅可以有选择地吸引劳动力流动，也可以有选择地排斥劳动力流动。在户籍堤坝效应吸引力不变的条件下，当户籍堤坝效应排斥力增强时，东部地区城市将外来低技能、低文化素质的劳动力排斥在户籍堤坝外，把技能、文化素质要求低的工作岗位留给本地户籍居民，兼顾本地户籍居民就业及社会经济稳定，减轻本地经济发展成本负担。

待遇是户籍堤坝效应的核心概念，城乡待遇差距表现为户籍堤坝内外待遇差距，这也是本书立论的出发点。在以城乡户籍身份为“砖石”建立起来的户籍堤坝效应中，城乡待遇是分析户籍堤坝效应对就业吸引力影响的切入点。农民进城就业是苏州就业吸引力高的结果，而市民待遇高于农民待遇是农民进城的前提条件，户籍堤坝效应强度高低直接影响城乡待遇差距，而后者成为影响苏州就业吸引力的核心因素，进而对农民是否进城就业产生重要影响。

二、户籍堤坝效应的经济学分析

（一）理论模型

户籍堤坝效应的形成是修改旧制度“契约”、签订新制度“契约”的结果。新旧户籍制度变迁的过程中需要支付各种成本。因此户籍堤坝效应是苏州地方政府在户籍制度变迁过程中，对城市待遇、农村待遇高低及相关制度变迁成本进行选择与取舍的结果。

苏州地方政府的行为方程如下：

$$\max \Delta E = \max(E_U - E_R) \tag{5.1}$$

$$\text{s.t. } E_R < E_U;\ E_R > 0;\ E_U > 0$$

其中，E_U 表示城市待遇；E_R 表示农村待遇；ΔE 表示城乡待遇差距。

从吸引与利用劳动力角度看，对于苏州地方政府而言，城市待遇与农村待遇差距大，对促进经济可持续发展有利。因为城市待遇与农村待遇差距越大，对农民工进城务工的吸引力越大，地方政府从低工资农村劳动力身上得到的利益越大，户籍堤坝效应的吸引力越强；城市待遇与农村待遇之间的差距越小，城市对农民的吸引力越小，地方政府从低工资农村劳动力身上得到的利益越少，户籍堤坝效应的吸引力越弱。当制度变迁的收益大于成本时，即潜在收益大于零时，制度变迁才会发生。户籍制度变迁过程中的潜在利润最大化成为户籍制度变迁过程中各行为主体的追逐目标，为方便研究，本书将户籍制度变迁过程中的潜在利润简称为“户籍制度潜在利润”。各行为主体对户籍制度潜在利润的逐利动机，成为经济发达地区工农、城乡关系模式发展动力，推动了苏州新型工农、城乡关系模式中户籍制度关系的变迁。

假设存在初始户籍堤坝“状态 1”和变迁后的户籍堤坝“状态 2”两种情形。从“状态 1”转变到“状态 2”称为户籍堤坝相关制度变迁过程。以 1978 年城乡分割状态作为“状态 1”，其净收益为 W_1；以改革开放后户籍制度变迁后状态作为“状态 2”，其净收益为 W_2。ΔW 表示“状态 1”（变迁前）与“状态 2”（变迁后）两个状态之间净收益差额。这一变迁过程必须满足条件：

$$W_2>W_1+TC \tag{5.2}$$

其中，W_1 为“状态 1”的制度净收益（制度总收益-制度总运营成本）；W_2 为“状态 2”的制度净收益（制度总收益-制度总运营成本）；TC 为制度变迁前后发生的成本，本书将其定义为制度维护成本（含摩擦成本 FC 与变迁实施成本 IC）。

$$\Delta W=W_2-(W_1+TC) \tag{5.3}$$

只有当 $\Delta W>0$ 时，行为主体才会去推动直至最终实现户籍制度的变迁。尽管不同行为主体推动户籍制度变迁的动机、行为方式及产生的结果不同，但只有在户籍制度变迁获得的潜在收益为正时，才会发生户籍堤坝效应。

根据经验事实，户籍制度维护成本由中央政府承担，因此，可以将地方政府户籍制度维护成本视为零，即（$TC=0$）。从而有：

$$\Delta W=W_2-W_1 \quad (5.4)$$

对户籍制度变迁理论模型进行简化，从经验事实看，城市是以自然经济为主的农业社会不断发展变迁的结果，户籍制度是城市发展变迁的结果之一。从长期趋势看，我国城乡二元户籍制度日渐式微，城乡差距不断缩小，户籍制度变迁前与变迁后两个状态之间净收益差额日趋减少。为研究方便，我们以城市待遇与农村待遇两种收益代表户籍制度变迁前后的两种状态收益，即农民待遇 E_R 表示户籍制度“状态 1”时的净收益 W_1，城市待遇 E_U 表示户籍制度“状态 2”时的净收益 W_2；以 ΔE 表示户籍制度变迁前后两个状态之间的净收益 ΔW，即城乡待遇差距，并将其定义为户籍堤坝效应（HDE）。

从而有：

$$HDE=\Delta E=E_U-E_R \quad (5.5)$$

从实际情况看，随着户籍制度变迁，先是户籍堤坝的“有形屏障”逐渐消除，例如限制农民盲目流动的遣送制度变革等，农村劳动力可以在城乡自由打工；后是户籍堤坝的“无形屏障”松动，例如新农合医疗制度普及、农民工保险制度设置等，尽管城乡户籍身份变化不大，但原来与城市户籍相关的福利制度逐渐惠及农民，城乡待遇差距在波动中呈现缩小趋势。

（二）苏州视域下户籍堤坝效应的表现

所谓“苏州视域”，是指为研究方便，以苏州为中心，研究户籍制度堤坝效应。根据本书研究目的，总结经济发达地区工农、城乡关系模式成功经验，为中西部欠发达地区提供借鉴。因此，不仅要以苏州为中心，研究苏州行政区域内的户籍制度堤坝效应，而且应研究苏州以外因素对苏州户籍堤坝效应产生的直接影响与间接影响，即先研究不考虑中西部因素影响时的苏州户籍堤坝效应，再研究考虑中西部因素影响时的苏州户籍堤坝效应。

从城乡待遇看，中国苏州高于中西部地区，即“东高西低”；在户籍堤坝围成的“劳动力蓄水池”中，劳动力由待遇低的地区向待遇高的地区流动。本书将这种现象归纳为苏州视域下的户籍堤坝效应表现，进行逐一阐述。此外，为简化研究，劳动力转移专指农村劳动力非农化，包括苏州地区本地农村劳动力与非苏州地区农村劳动力转移（见图 5. 17）。

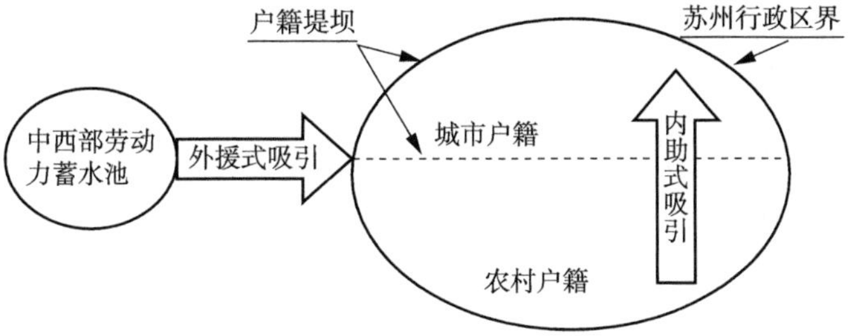

图 5. 17　户籍堤坝效应及劳动力吸引

1. 几个假定

①行为主体保持评价一致，节约全部用于扩大再生产；②市场需求非饱和，扩大再生产能顺利实现；③劳动力产出大于其所得，城市有更多的劳动力投入意味着城市和工业的发展；④$E_R<E_U$，即农村待遇 E_R 低于城市待遇 E_U；⑤城市待遇 E_U 由城市实际工资 W_{UA} 与市民制度工资 W_{UO} 构成；⑥农村待遇 E_R 由农村实际工资 W_{RA} 与农村制度工资 W_{RO} 构成；⑦$W_{UAY}>W_{UA}$，$W_{UOY}>W_{UO}$。W_{UAY} 表示市民在农民进城前应得的实际工资，W_{UOY} 表示市民在农民进城前应得的制度工资。由于农民工的存在，市民应得实际工资与应得制度工资被压低。

2. 不考虑中西部因素时，苏州户籍堤坝效应的表现

对于苏州地方政府而言，在户籍堤坝的维护成本由中央政府承担的情况下，户籍堤坝存在的时间越长，苏州地方政府获得的户籍制度潜在利润越多，对苏州经济发展的推力越大，可以从城乡待遇差距与户籍堤坝效应强度两方面分析户籍堤坝效应。

(1) 城乡待遇差距。在只考虑苏州户籍制度存在时，苏州城市户籍堤坝效应影响了城乡待遇差距结构。这种差距包括：农村户籍的农民进入城市后，因城市待遇高于农村待遇，其差额成为诺斯所称的户籍制度潜在利润的来源；另外，针对城市户籍的市民而言，由于本地户籍农民工的存在，城市户籍市民应得实际工资与应得制度工资被压低，使得农民进城前后的市民城市待遇形成差距，构成户籍制度潜在利润的新来源。与苏州没有户籍制度相比，由于户籍制度形成了潜在利润的新来源，苏州地区城市有更多的经济剩余投入到扩大再生产中，从而推动了当地经济发展。

苏州城市户籍制度潜在利润计算如下：

$$\Delta E' = \Delta E_1 + \Delta E_2 \tag{5.6}$$

$$\begin{aligned} \Delta E_1 &= E_U - E_R \\ &= (W_{UA} + W_{UO}) - (W_{RA} + W_{RO}) \end{aligned} \tag{5.7}$$

$$\begin{aligned} \Delta E_2 &= E_{UY} - E_U \\ &= (W_{UAY} + W_{UOY}) - (W_{UA} + W_{UO}) \end{aligned} \tag{5.8}$$

其中，$\Delta E'$表示苏州地区户籍制度潜在利润；ΔE_1 表示苏州地区农民进城享有的待遇低于市民城市待遇而形成的户籍制度潜在利润，从经验事实看，农民工进城后很难与市民同工同酬，因此农民工进城后的实际工资总是处在低于市民城市待遇实际工资而高于农民实际工资的水平；ΔE_2 表示农民工的存在压低了苏州市民应得的城市待遇从而使苏州地方政府获得更多户籍制度潜在利润；E_{UY}表示城市市民在农民进城前

应得的城市待遇；对应的 W_{UAY}和 W_{UOY}表示城市市民在农民工进城前应得的实际工资与制度工资。

从现有数据资料中难以准确区分和得到城乡居民的实际工资、制度工资的分类数据，尤其是与各种无形和有形的福利待遇相关的制度工资数据。但是，我们可以确定实际工资与制度工资“混合”构成的城乡人均净收入实际数值（它是由实际工资与制度工资之和减去相应支出后净额所构成的 ΔE_1 与 ΔE_2 综合作用下结果），据此分析城乡待遇差距，以简化分析户籍堤坝效应对东部地区就业吸引力的影响。

如表 5.23 所示，苏州市户籍堤坝效应强度自 1989 年的 1.30 增加到 2013 年的 2.69，再下降到 2014 年的 1.94，尽管部分年份有所波动，但从长期趋势看，户籍堤坝效应的强度不断增加，显示了城乡差距近年来逐渐加大的现状。但自 2014 年始，户籍堤坝效应的强度开始呈现下降趋势，表示苏州工农、城乡待遇差距正在缩小。

表 5.23 1989—2014 年苏州户籍堤坝效应强度表 单位：元

年份	1989	1990	1991	1992	1993	1994	1995	1996	1997
城乡待遇差距	57	91.89	21.17	231.47	-323.35	-23.16	-134.99	-92.73	36.76
户籍堤坝效应强度	1.30	1.38	1.11	1.91	0.37	0.95	0.76	0.86	1.06
年份	1998	1999	2000	2001	2002	2003	2004	2005	2006
城乡待遇差距	-64.18	12.88	249.74	546.5	311.92	314.05	959.8	1041.37	1308.67
户籍堤坝效应强度	0.91	1.02	1.35	1.64	1.32	1.31	1.96	1.98	2.15
年份	2007	2008	2009	2010	2011	2012	2013	2014	
城乡待遇差距	1576.09	1808.38	2156.98	2340.94	2347.75	2931.7	3245.58	2727.18	
户籍堤坝效应强度	2.25	2.3	2.42	2.37	2.30	2.58	2.69	1.94	

资料来源：根据历年《江苏统计年鉴》《苏州统计年鉴》公布的城乡人均收入及相关工资数据计算整理，数据根据物价指数进行了调整。

(2)户籍堤坝效应强度。

$$户籍堤坝效应强度=\frac{城市待遇}{农村待遇}$$

$$P=\frac{E_U}{E_R} \tag{5.9}$$

$$W_{UA}\propto P\propto(E_U-E_R)$$

$$W_{UO}\propto P\propto(E_U-E_R)$$

其中，P 表示苏州户籍堤坝效应强度。

户籍堤坝效应强度是城市待遇与农村待遇的比值。市民实际工资、市民制度工资与城市户籍堤坝强度、城乡待遇差距、就业吸引力之间呈正比例关系。城市户籍堤坝强度越大，城乡待遇差距越大，城市对农民的就业吸引力越强。

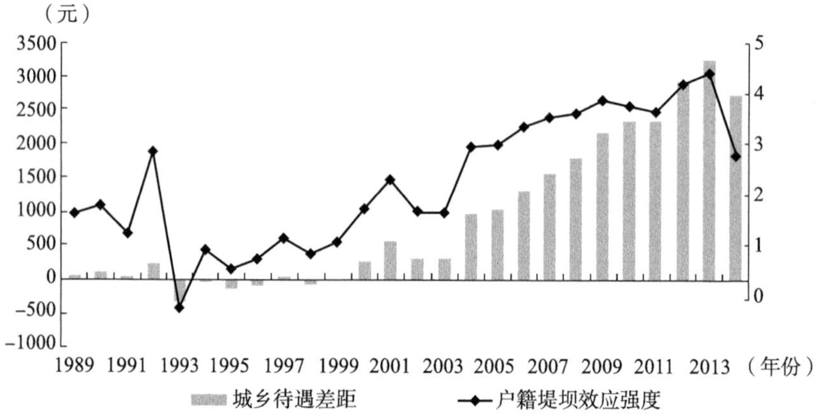

图 5.18　1989—2014 年苏州城乡待遇差距与户籍堤坝效应强度关系

资料来源：历年《苏州统计年鉴》公布数据。数据根据物价指数进行了调整。

如图 5.18 所示，1993 年苏州户籍堤坝效应强度为 0.37，为最低点；2013 年户籍堤坝效应强度为 2.69，为最高点。1989—2014 年，同等条件下，当农村待遇趋高、城市待遇趋低时，户籍堤坝效应强度降低，要吸引农村劳动力到城市打工，苏州地方政府需要支付的代价变高。例如，需要制定更高的社会最低保障工资以吸引农村劳动力支持城市经济发展、允许外地农民工子女在本地高考等。城乡差距越小，城市对农民工就业吸引力越小，户籍堤坝效应强度越低，要吸引同样质量的农村劳动力到城市打工，苏州地方政府需要支付的代价越高。反之，同等条件下，当农村待遇趋低、城市待遇趋高时，户籍堤坝效应强度提高，要吸引农村劳动力到城市打工，苏州地方政府需要支付的代价降低。例如，改革开放初期，农民工在城市不仅难以享有任何保障，而且受到严重歧视。农民工在劳动合同、工资、各类保险及工会参与等方面受到了户籍歧视或排斥，户籍公共政策是非中性的，户籍政策本身具有选择和歧视的不平等特性。但由于城乡差距大，户籍堤坝效应强度高，农民依然乐意到城市打工。城乡差距越大，城市对农民工就业吸引力越大，户籍堤坝效应强度越高，要吸引同样质量的农村劳动力到城市打工，苏州地方政府需要支付的代价越低。

3. 考虑中西部地区因素时，苏州户籍堤坝效应的两种表现

(1)考虑中西部地区因素间接影响时的苏州户籍堤坝效应。改革开放前，中西部城市阻碍农民进城，形成了农村劳动力“蓄水池”。在中西部地区“不放水”的情况下，中西部劳动力“蓄水池”形成较高的势能。改革开放后，农民可以进城打工，中西部地区农村劳动力面临着中西部地区和东部地区之间“城市流向”选择。同等条件下，苏州市民城市待遇越高，中西部地区农民到苏州打工的积极性越高，苏州与中西部城市之间在争夺劳动力资源方面形成竞争关系，彼此以提高最低工资为手段，吸引农民进城打工，促进当地经济可持续发展。在中西部地区农民可以自由选择的背景下，苏州利用了中西部劳动力“蓄水池”的高势能，利用中西部农民工可能以更低的工资到苏州就业的外在压力，进一步抑制苏州本地市民提高工资的诉求。苏州在苏州户籍堤坝效应强度不变、中西部城市户籍堤坝效应强度相对较低的条件下，利用“东高西

低”的户籍堤坝效应强度相对优势，吸引东部地区本地农村劳动力到城市就业，其实质是利用中西部地区劳动力“蓄水池”高势能，迫使东部地区本地劳动力让利，进一步降低了苏州市民制度工资与市民实际工资水平，减少本地经济发展成本，获得更多的户籍制度潜在利润，从而有：

$$W'_{UA}<W_{UA}$$

$$W'_{UO}<W_{UO}$$

其中，W'_{UA}表示被抑制后的苏州市民实际工资；W'_{UO}表示被抑制后的苏州市民制度工资。

由于 $W_{UAY}>W_{UA}$，$W_{UOY}>W_{UO}$，则：

$$W_{UAY}>W_{UA}>W'_{UA}，W_{UOY}>W_{UO}>W'_{UO} \tag{5.10}$$

$$户籍堤坝效应强度(间接影响)=\frac{东部地区城市待遇}{东部地区农村待遇}$$

即

$$P'=\frac{E_U}{E_R} \tag{5.11}$$

(2)考虑中西部地区因素直接影响时的苏州户籍堤坝效应。在开放经济条件下，中西部地区农村剩余劳动力能直接为苏州所用，促进苏州经济发展。由于苏州待遇高于中西部地区，中西部地区农民往往优先考虑到苏州打工谋生。与上述“表现”不同之处在于，哪里给的待遇高农民就到哪里去打工，因此大批中西部地区农民直接参与到苏州城市经济发展中。

$$户籍堤坝效应强度(直接影响)=\frac{东部地区城市待遇}{西部地区农村待遇}$$

即

$$P''=\frac{E'_U}{E'_R} \tag{5.12}$$

$$W_{UA} \propto P'' \propto \frac{1}{E_R'}$$

$$W_{UO} \propto P'' \propto \frac{1}{E_R'}$$

其中，P''表示中西部地区因素直接影响下苏州户籍堤坝效应的强度；E_U'表示东部地区市民待遇；E_R'表示中西部地区农民待遇。

苏州市民实际工资、制度工资同东西部地区共同作用下的户籍堤坝效应强度存在正比例关系，与中西部地区农村待遇呈反比例关系。由于苏州城市待遇不变，苏州农村待遇转化为较低的中西部地区农村待遇后，户籍堤坝效应强度变大，即P''值大于P'值，苏州对中西部地区农民的就业吸引力进一步增强。中西部城市可获得的户籍制度潜在利润直接“融入”苏州，使苏州获得的户籍制度变迁过程中的潜在利润总量进一步增加，持续推动当地经济发展。

三、户籍堤坝效应促成苏州就业吸引力的“两路径”及机理

（一）户籍堤坝效应促成苏州就业吸引力的条件及“两路径”

1. 户籍堤坝效应促成苏州就业吸引力“两路径”的前提条件

本书在研究苏州新型工农、城乡关系模式中发现，户籍堤坝效应借助“劳动力供大于求”的条件发挥其对就业吸引力的重要影响与作用①，上述户籍堤坝效应的显性屏障与隐性屏障，借助“劳动力供大于求”这个重要条件，形成促成苏州就业吸引力的两个路径。

户籍堤坝的显性屏障形成了“工业≈城市，农业≈农村”的城乡隔离状态。1958 年，《户籍登记条例》的颁布、“反盲流”等一系列控制劳动力流动的配套政策的实施，以及“投机倒把罪”等法律约束筑

① 由于各种因素综合作用，劳动力供大于求的状态长期存在。

起的“有形屏障”，严重限制了劳动力流动的自由。户籍堤坝包围形成的农村劳动力“蓄水池”只能“储水”，难以“泄洪”，就业渠道狭窄，社会失业水平不断上升，丰富的劳动力资源利用水平处于低效率状态。随着市场经济发展，农业与非农产业平衡增长使农村劳动力的供给与需求基本实现平衡。户籍制度改革措施降低了户籍堤坝的“有形屏障”（“无形屏障”仍存在），允许农村劳动力适度自由流动，户籍堤坝显性屏障逐渐消失，推动经济高速增长长达数十年[①]。

2. 户籍堤坝效应促成苏州就业吸引力的“两路径”

按照行政区域范围，户籍堤坝效应促成苏州就业吸引力分为两个路径：“外援式吸引”与“内助式吸引”。“外援式吸引”是指吸引行政区外户籍堤坝劳动力；“内助式吸引”是指吸引行政区内户籍堤坝劳动力。

（1）第一条路径：“内助式吸引”路径——苏州内户籍堤坝效应。

户籍制度的“堤坝”，不仅把苏州与中西部地区划分成两个大面积的劳动力的“蓄水池”，由于城乡户籍制度的存在，东部地区内部也被划分为城市与农村。从刘易斯（Lewis，1954）“蓄水池”定义推断，只要存在劳动力供应大于需求的地方，就有存在剩余劳动力“蓄水池”的可能性。随着城市工业部门的发展，城市非农产业对劳动力的需求越来越大，在行政区域范围内部，由户籍制度“堤坝”围成的“蓄水池”蓄积的剩余劳动力终会被“吸干”。

（2）第二条路径：“外援式吸引”路径——苏州外户籍制度堤坝效应。

当本地劳动力“蓄水池”（由本地户籍农村劳动力构成）被“吸干”后，随着中西部地区剩余劳动力的涌入，苏州开始吸引本地“蓄水池”以外的剩余劳动力（由外地户籍农村劳动力构成）。

---

① 改革开放后户籍堤坝显性屏障逐渐消失，进城农民变成农民工，但由于户籍堤坝隐性屏障（无形屏障）的持续存在，农民工向市民转变进展缓慢。此种情况在大城市尤其明显。

（二）苏州就业吸引力“两路径”的形成机理

1. “内助式吸引”路径形成机理

“内助式吸引”阶段是苏州就业吸引力形成的第一阶段，是“吸引”行政区内户籍堤坝剩余劳动力阶段。①从形成动力看，本地户籍制度变迁释放了潜在利润，苏州地方政府保证制度供给，满足本地农民户籍制度变迁需求。②从形成来源看，“内助式吸引”路径“吸引”范围位于东部地区行政区域内部，“吸引”对象是本地户籍农村劳动力。在改革开放初期，由于公共基础设施建设落后，交通不便，中西部农村剩余劳动力到苏州打工者较少，吸引苏州地区内部农村劳动力到城市就业成为户籍制度潜在利润的主要来源。③从形成特征看，户籍制度潜在利润来源呈现稳定性特征。由于本地户籍的束缚，农民往往优先在苏州本地市区就业，选择“背井不离乡”式的市场参与方式，到城市谋取工资收入（市民实际工资）。对苏州地方政府而言，无论劳动力是在农村生产，还是在城市打工，都是稳定的户籍制度潜在利润的“蓄水池”，较少出现大起大落的波动现象。④从形成过程看，“内助式吸引”过程不可逆，其不可逆性表现为：相对于广阔的中西部地区，苏州内部人口数量有限，随着本地农民逐渐完成转户，本地户籍制度潜在利润越来越少，呈现不可逆转趋势；苏州地方政府出于政绩考虑，将本地户籍农民转户进城视作城镇化水平的重要指标，因而农民转户成为苏州地方政府政绩的重要考核形式。本地户籍农民进城后，往往由农户转为城户，或者由于城市区划拓展而就地转户入城，跨越“农民工”形式而直接完成农民到市民的过程。所以“内助式吸引”路径具有不可逆性。

2. “外援式吸引”路径形成机理

“外援式吸引”阶段是苏州就业吸引力形成的第二阶段，是“吸引”行政区外户籍堤坝剩余劳动力阶段。①从形成动力看，与“内助式吸引”阶段相同，户籍制度的变迁释放了潜在利润。不同之处在于，释放外地户籍制度变迁中的潜在利润，使多个地方政府（苏州地方政府与中西部城市地方政府）满足了外地农民制度变迁的需求。而且，不同地方政府之间相互竞争与博弈，调整户籍堤坝效应强度，以各种户籍制度改革新政策争取更多的户籍制度潜在利润，服务本地经济发展。②从形成来源看，“外援式吸引”范围位于苏州地区行政区域外部。“吸引”对象是外地户籍农村劳动力。约在1990年后，由于公共基础设施建设发展，交通逐渐便利，加上改革深入、观念变革诸多因素，中西部地区农村剩余劳动力涌入苏州打工，中西部地区户籍制度潜在利润持续推动苏州经济发展。③从形成特征看，户籍制度潜在利润来源呈现灵活性特征。由于外地户籍的束缚，农民往往难以在东部本地城市落户，选择“候鸟”式的市场参与方式，到城市谋取工资收入（市民实际工资）。④从形成过程看，“外援式吸引”过程可逆。外地户籍农民进城后，多数无法由农户转为城户，难以完成由农民工到市民的身份改变，缺乏本地户籍堤坝约束。所以，“外援式吸引”阶段户籍制度潜在利润形成过程具有可逆性。1997年东南亚经济危机、2008年金融危机时期，苏州大批农民工离城返乡的经验事实验证了“外援式吸引”阶段的可逆性。

需要注意的是，在现实中这两个阶段往往是同时存在、交替进行、同时发生作用的。在“内助式吸引”阶段，由于外地农村剩余劳动力的涌入，增强了就业市场的竞争程度，降低了本地农村剩余劳动力的工资收入，影响了“内助式吸引”阶段的稳定性、持续性。同时，由于本地农村剩余劳动力的存在，外地农村剩余劳动力往往无条件接受就业市场低工资及苛刻的户籍歧视条件。两个阶段相互作用、相互影响，使农村劳动力工资长期处于较低水平。

四、户籍堤坝和户籍制度改革对新型工农、城乡关系模式的影响

户籍堤坝是户籍制度的产物，它的效应大小和户籍制度的产生与改革密切相关。从经验事实看，户籍堤坝和户籍制度改革对东部地区工农、城乡关系模式的影响大致分为四个阶段。

（1）1958—1977 年，户籍制度建立，阻碍了城乡劳动力自由流动（Liang，2001），不仅起到了城乡分离的作用，而且是国家政治经济系统的一部分（Chan et al.，1999）。户籍堤坝主要发挥“拦水”的作用，户籍制度潜在利润在劳动力“蓄水池”中处于“蓄积”状态。

（2）1978—1994 年，户籍制度变革提上日程，农村劳动力可以自由到外地打工，阻碍劳动力自由迁徙的“有形堤坝”逐渐被拆除。户籍制度控制人口流动的功能减弱（Shen，2006）。户籍堤坝主要发挥“有序疏导”作用，户籍制度潜在利润在劳动力“蓄水池”中处于“泄洪”状态。

（3）1995—2009 年，由于苏州本地农民收入水平提高，苏州本地农村待遇水平日益接近城市待遇水平。加上多年计划生育政策导致人口出现负增长，苏州本地的户籍制度潜在利润逐渐减少。受苏州待遇高吸引，中西部农民涌入苏州就业，中西部地区户籍制度潜在利润为苏州经济发展做出了重要贡献。此阶段，户籍堤坝主要发挥“调节”作用，户籍制度潜在利润在劳动力“蓄水池”中处于“波动”状态。苏州及苏州以外各城市竞相“调节”户籍堤坝效应强度，吸引中西部地区农民进城。

（4）2010 年至今，户籍制度不仅阻碍了劳动力自由流动与城镇化进程，而且已是当代中国成为一个现代的一流国家和全球领导者的主要障碍（Chan，2009）。在中央政府 2020 年户籍制度改革目标的压力下，中西部中小城市地方政府开始着手放松或拆除户籍堤坝的“无形屏

障”，实行城乡统一的户籍制度。苏州对中西部地区农村劳动力的吸引力持续减弱。

值得一提的是，在国家提出改革户籍制度、中小城市放开户籍制度的背景下，苏州已经悄悄在开展户籍制度改革，利用户籍堤坝效应展开争夺户籍制度潜在利润的竞争。

纵观户籍堤坝效应、户籍制度改革对苏州就业吸引力产生影响的全过程，它既是一个户籍制度“不断改革”、户籍堤坝“不断调整”的过程，也是一个户籍制度潜在利润“不断释放”的过程，更是苏州城市经济发展“不断繁荣”的过程，还是苏州新型工农、城乡关系模式不断推进与发展的过程。对苏州乃至东部地区而言，进一步深化户籍制度改革，实行城乡统一的户籍制度；逐步完成农民工市民化过程，吸引更多的外地农民工“长期”留在东部地区服务经济发展，已经成为进行户籍制度改革，促进工农、城乡关系和谐发展的主流趋势。

第六章　经济发达地区新型工农、城乡关系模式运行机制

——苏州例证

本章以苏州为例，对经济发达地区新型工农、城乡关系模式运行机制的成功经验进行总结。苏州新型工农、城乡关系模式运行机制是指苏州地方政府为建设协调发展的工农、城乡关系，缩小工农、城乡收入及公共服务等方面的差距，所形成的科学、成熟、富有成效的一系列制度设计。为便于研究，将作用大小作为分类标准，进行了简化处理。例如，“三集中”政策既在城乡统筹、城乡规划机制中发挥重要作用，也对生态环境建设机制、现代农业发展机制发挥作用，为便于研究，本书按其主要作用将其简化归类到城乡统筹规划机制中研究（见图 6.1）。

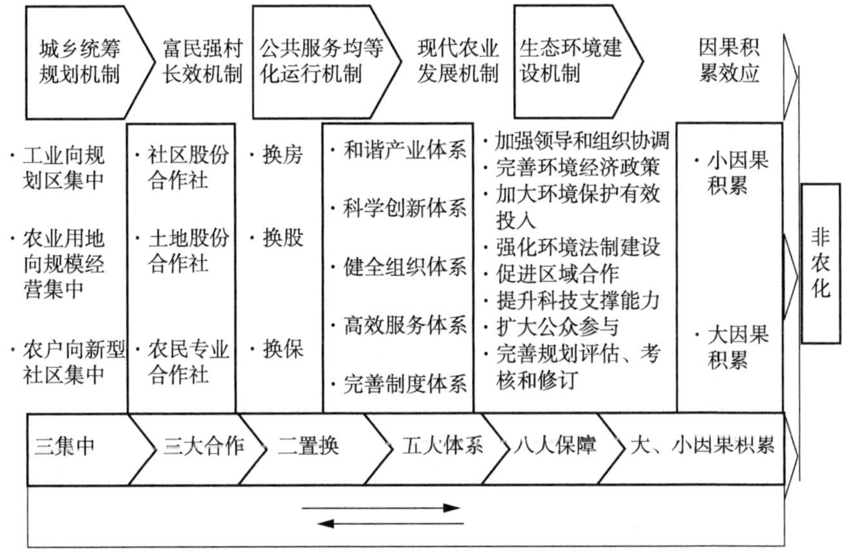

图 6.1　苏州新型工农、城乡关系模式运行机制

第一节　城乡统筹规划机制

城乡统筹规划机制的目的是统筹兼顾，提高城乡区域生产效率。为此，苏州首先在土地生产要素流通与配置上实施改革，制定了以“三集中”政策为核心的系列配套经济政策，为城乡统筹规划机制建设奠定了良好的基础。

一、城乡统筹规划机制内涵

苏州城乡统筹规划机制是指苏州地方政府按照经济规律，以提高城乡区域内生产效率为目标，利用农村与城镇之间的相互依存性，依托市场，互相支援，统一配置生产要素的制度安排。苏州城乡统筹规划机制始于 2007 年，基本建成于 2010 年。《苏州城市总体规划（2007—2020）》在这一过程中发挥了关键作用。多年来，苏州市坚持不断提高工作效率，深化政府规划制度变革，以服务社会为宗旨，提升规划效能和规划服务水平（见图 6.2）。

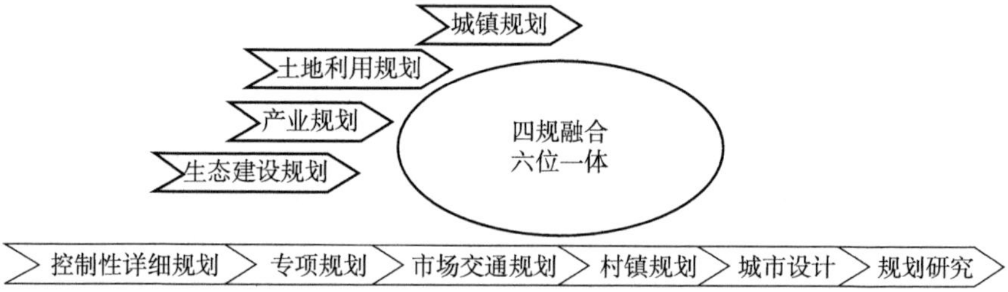

图 6.2　城乡统筹规划机制

2010 年，苏州市编制 28 项规划，由于各先导区领导有力，不断强化体制创新，全市 23 个先导区大胆实践与探索，取得了实质性的突破，发挥了在苏州新型工农、城乡关系模式中的示范引领作用，带动了工农、城乡全局改革[①]。

以典型区域为例。昆山市千灯镇把84平方公里的区域规划为工业园区、现代农业园区、物流园区和旅游居住商贸区等4个功能产业区，并按规划抓紧组织实施，现已初具规模；建设“两园一中心三大布局”板块，重点发展绿色生态农业；南部重点施行现代商务旅游城乡发展规划[②]。

2011年，为进一步完善与健全统筹城乡规划机制，苏州市建立与健全了《苏州市城乡规划条例》等规章制度，加强建设项目批后管理和无证认定工作，制定了《民用建筑节能审查规定》等一系列统筹规划机制及配套规章制度。

二、以“三集中”为抓手，落实规划，优化城乡一体化空间布局

（一）“三集中”概念

“三集中”是以工业、农用地以及农户为对象，实施集约化、统一化管理，通过资源集聚，提高生产效率的政策。

自1978年改革开放始，苏州计划经济下的社队企业发展为市场经济下的乡镇企业。1995年，由星罗棋布的村办、乡办企业壮大到工业园区。2010年，由代工园区向自主创新的高新科技园区转变。苏州走出了一条由分散、作坊式的小农经济向高科技、大规模的现代化产业园区经济发展之路。在此情形下，重新配置现有生产要素，尤其是实现土地资源集约化利用，突破资源约束，成为苏州可持续性发展过程中最紧迫的问题。据统计，1978年苏州市耕地面积为565.5万亩，到2011年减少到333.75万亩，34年累计减少了231.75万亩，年均减少耕地

①② 根据古吴轩出版社1983—2015年《苏州年鉴》等资料整理。

6. 82 万亩。耕地面积呈现出逐年减少趋势①。

土地资源日益稀缺，人地矛盾尤为突出。可以从两方面分析这个经济现象，1978 年改革开放初期，耕地面积减少主要是非农产业及城市发展占用土地造成的，提高了生产效率，促进了经济发展。2007 年后，非农产业发展不断加速，造成的负面作用愈加明显，土地锐减问题开始影响到人民的生活，产生了社会经济可持续发展的粮食安全问题。“三集中”在这样的经济与社会背景下成为最可行、最现实的路径选择。“三集中”的主要目的是土地资源重新配置与利用。由于苏州各项相关配套政策科学、实施力度大、领导重视，“三集中”在“苏州模式”中得到了不断的完善与发展。2011 年全市开工建设农民集中居住区 1800 万平方米以上，是历年开工建设面积最大的一年；土地规模经营面积累计达 13. 13 万公顷（197 万亩），新增现代农业园区 0. 79 万公顷（11. 8 万亩），累计建成现代农业园区 4 万公顷（60 万亩），实现农保转城保 15. 4 万人，累计“农转城”68 万人。“三集中”取得了明显的效果②（见图 6. 3）。

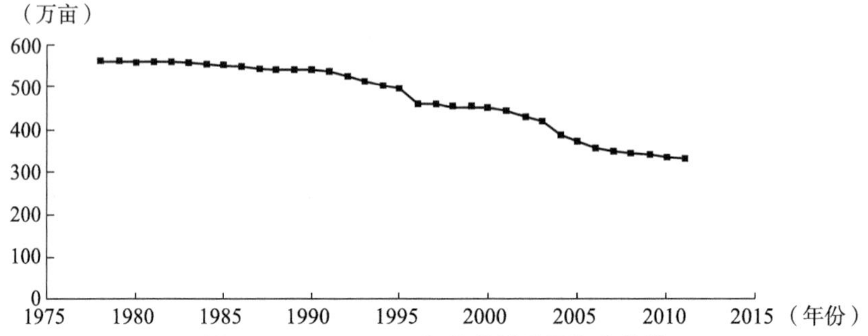

图 6. 3　1978—2011 年苏州耕地面积变化③

（二）“三集中”的主要内容

“三集中”包括三个方面的主要内容（见表 6. 1）

① 根据中国统计出版社 1984—2015 年《苏州统计年鉴》数据整理。

② 根据古吴轩出版社 1983—2015 年《苏州年鉴》等资料整理。

③ 自 2012 年开始，苏州统计局不再提供耕地面积变化数据。

表 6.1 “三集中”路径

序号	路径	目标	效果
1	“退二进三”或“退二还一”	工业向规划区集中	截至 2009 年底，全市已有 75%的农村企业集中到工业园区，有 56%的承包耕地实行了规模经营，有近 33%的农户搬迁到 860 个集中居住点居住
2	腾笼换鸟		
3	土地股份合作社	农业用地向规模经营集中	
4	宅基地换房进城进镇	农户向新型社区集中	
5	就地集中居住		

资料来源：根据古吴轩出版社 1983—2015 年《苏州年鉴》等资料整理。

1. 工业向规划区集中

“退二进三”措施，是指从第二产业退出，转为发展第三产业，从制造业转为发展服务业。也可指企业或者农户经济区位的转变，从城市中心区位搬迁入相对偏远的非中心区。“退二还一”措施，指在工业园区以外的以加工制造为主要内容的村办企业，从第二产业转向以农林牧渔为主要内容的第一产业，进行异地置换。

2. 农业用地向规模经营集中

苏州农业用地集中后，采取了两种规模经营方式：一种是集中土地从事农业，通过提高农业产出效率，提高本地农民收入；另一种是集中土地从事非农产业，包括建厂、商业区，从事工业、建筑业等第二产业，及农家乐、农产品批发市场等交通运输、旅游、商业、服务业等第三产业。无论采取何种形式，都是要将零星的小块土地适当集中起来，以提高土地的产出，提高生产效率，最终推动整个社会经济发展。

3. 农户向新型社区集中

苏州市 2009 年人均占地为 0.34 亩，户均占地为 0.9 亩①。采用向中心城区、新市镇、行政村中心集中等方式，挖掘土地潜力。以太仓市为例，2014 年，实施编制保留村庄相关规划，新增向村集体流转土地

① 苏发〔2009〕48 号文《关于印发苏州市农村住宅置换商品房实施意见》的通知。

2733.34 公顷。不仅实现了土地规模经营，而且促进了土地承包经营权的确权工作，成效显著①。

第二节　富民强村长效机制

一、富民强村长效机制内涵

富民强村长效机制是指苏州政府以富民强村为工作重心，改变以往粗放式经营方式为集约式经营方式，将增加农民收入作为农业可持续发展的重要内容的一系列制度设计。苏州富民强村长效机制的核心在于真正将维护农民权益、提高农民收入作为经济发展的目标，并落到实处。经济主体（角色）的成功转变及农民经济地位的改变是苏州农民富裕长效的根本原因。农民在富民强村长效机制建立前的经济主体（角色）可以分为农户（小生产者）、农户（土地使用权拥有者）、农户（劳动力出租者）三种经济主体（角色），在富民强村长效机制建立后，转化为企业家、股东、城镇居民三种新经济主体（角色）。经济主体（角色）转变带来相应的经济收入的增加，成为富民的前提与基础（见图 6.4、表 6.2）。

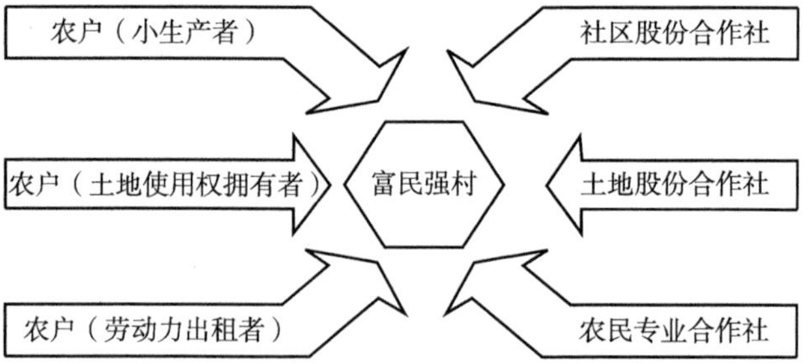

图 6.4　富民强村长效机制

① 根据古吴轩出版社 1983—2015 年《苏州年鉴》等资料整理。

表 6.2　“三大合作”——从农民到非农的经济主体（角色）转变

合作前经济主体（角色）	三大合作	合作后经济主体（角色）	效果
农户（小生产者）	社区股份合作社	工业企业家	破除了户籍制度在二元经济中形成的樊篱，实现了土地、资金、劳动力等生产要素按经济规律自由流动与配置
农户（土地使用权拥有者）	土地股份合作社	股东	
农户（劳动力出租者）	农民专业合作社（富民合作社及劳务合作社）	城镇居民	

资源来源：根据古吴轩出版社 1983—2015 年《苏州年鉴》等资料整理。

苏州市针对失地农民，投入大量财力开展再就业培训，举办专场招待会，加大再创业金融贷款支持，加快转变农户经济主体角色，增加农民收入。在富民长效机制运行过程中，最主要的变化是收入结构的根本性变化，财产性投资收入在农民人均纯收入中占比大幅提高，有力地增强了农民收入的稳定性，天灾、农害、农产品市场价格等因素影响农户收入的风险大为减少，为“富民”且“长效”提供了关键性的客观条件。正是社区合作、土地合作、专业合作使农民享有“股权”，使农民得以分享改革开放的“红利”，形成将集体经济、国有经济与农民个人结成“长久”且可持续的利益纽带机制，实现富民强村的长效目标。至 2010 年，累计组建镇级“三大合作”联社（总社）57 家。农村集体资产总额达到 904 亿元。村级集体总收入突破 62 亿元①。

二、以“三大合作”为手段，实现富民强村长效机制

“三大合作”是地方政府、工人、农民、企业家各行为主体共同努力、协作发展的选择，是对苏州新型工农、城乡关系模式不断探索与实践的结果，它以让农民分享改革开放成果为切入点，推动城乡互动、工农互动，推进城乡发展一体化。“三大合作”的实质在于，以经济主体

① 根据古吴轩出版社 1983—2015 年《苏州年鉴》等资料整理。

角色的转换为突破口，从农民到股民，从而实现了土地、劳动力、资金等各类资源优化配置，提高了生产效率，增收部分按股分配，调动了农民的生产与投资积极性，反过来促进了农民经济主体角色的转换，形成良性互动循环，实施效果显著。

“三大合作”的具体形式包括：社区股份合作社、土地股份合作社、农民专业合作社。

第三节　公共服务均等化运行机制

一、公共服务均等化运行机制内涵

公共服务均等化运行机制是指苏州地方政府为缩小城市与乡村之间的公共服务差异而做的制度设计与安排。在迈向城乡融合、共同富裕与协调发展的大方向下，逐步改变，循序渐进，实现制度迁移，最终达到公共服务完全均等的目的。

所谓人人完全相等的公共化服务，超出了经济社会的承载力，不仅不可能实现，而且是一种更广泛意义上的不均等（见图 6.5、表 6.3）。

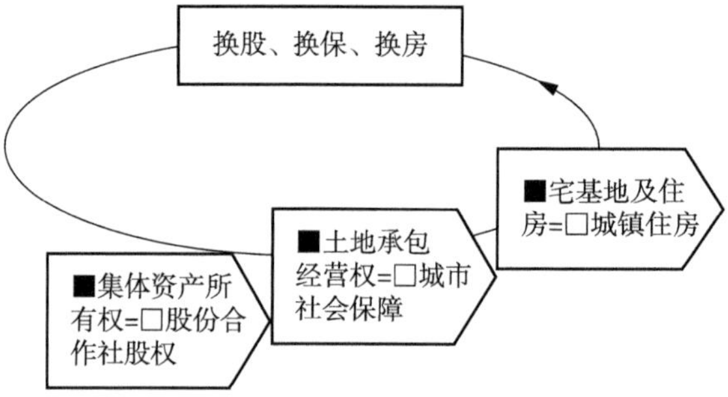

图 6.5　公共服务均等化运行机制

表 6.3 “三置换”——从农业到非农的经济主体（角色）转变

<table>
<tr><th>经济主体（角色）</th><th>被置换生产要素</th><th>置换生产要素</th><th>置换后用途</th><th>效果</th></tr>
<tr><td>农户（小生产者）</td><td>集体资产和个人经营性资产所有权、分配权</td><td>社区股份合作社股权</td><td>用于产业规模经营</td><td rowspan="3">经济主体获得同城镇居民同水平的医疗、失业等社会保障待遇，建立起公共服务均等化运行机制，土地及产业由于规模经营提高了生产效率，社会经济效率实现共赢</td></tr>
<tr><td>农户（土地使用权拥有者）</td><td>土地承包权、经营权</td><td>土地合作社股权或置换基本社会保障</td><td>用于土地规模经营</td></tr>
<tr><td>农户（土地使用权拥有者）</td><td>宅基地使用权及住房所有权</td><td>城镇住房，或进行货币化置换，或置换二三产业用房和股份合作社股权</td><td>用于土地规模经营</td></tr>
<tr><td>农户（劳动力出租者）</td><td colspan="4">不需要置换，在城镇中同城市居民一样，可以依靠出租劳动力获得工资。极少数无房无地的农户，如五保户，由民政部门统一安排</td></tr>
</table>

资料来源：根据古吴轩出版社 1983—2015 年《苏州年鉴》等资料整理。

二、以“三置换”为路径，建立公共服务均等化运行机制

（一）“三置换”的概念

“三置换”是指将农民的土地使用权、住房、宅基地等，置换成股权、城市住房、社保。

（二）“三置换”政策措施实施过程中的制度供给与需求

在“三置换”政策措施实施过程中，农民与苏州地方政府是制度设计与实施的行为主体。双方分别为制度需求方与供给方。农民以实现身份转变所带来的各种利益实现个人效用，苏州地方政府在以农户转城户所构成的“农转非”数量的增加作为政绩的同时，还获得了“三置换”过程中从农民手中得到的土地、宅基地等生产要素，实现了地方政府与本地农民双赢。

第四节　现代农业发展机制

一、现代农业发展机制内涵

现代农业发展机制是指苏州建设农业现代化的系列制度设计，包括农业生产现代化与管理现代化，具体包括和谐产业体系、科学创新体系、健全组织体系、高效服务体系、完善制度体系等相关内容（见图 6.6）。

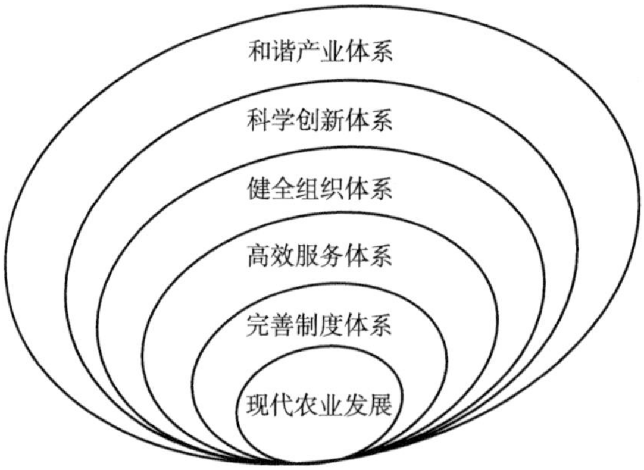

图 6.6　现代农业发展机制

二、现代农业发展机制建设内容

（一）和谐产业体系

和谐产业体系是指产业结构合理，功能齐全，产业链条完整，具有明显的区域与地方特色，规模经营比重高，有利于土地、水等自然资源集约使用，能有效解决劳动力就业，是环境友好型现代农业体系。2010 年，苏州全市农业规模经营比重达到 70%，建成各级各类现代农业园区

175个，实现园艺、种养结合，功能齐全，产业布局合理；建成生态休闲观光功能齐全、特色鲜明和谐产业体系[①]。

（二）科学创新体系

科学创新体系是指摒弃传统农业中落后生产方法，依靠现代新知识、新技术开发新产品、新原料，发展农业的知识创新体系。

（三）健全组织体系

健全组织体系是指建立与完善各种农业经营组织，推动农业走专业化、合作化路径的制度安排。伴随着各种正式与非正式的制度安排，可有效提高组织建设过程中对经济主体的激励，从而促进与提高企业效益，实现规模化经营。

（四）高效服务体系

高效服务体系是指建立比较完善的现代农业服务体系支撑现代农业发展的系列制度安排。建设高效服务体系，提高服务科技含量。打造素质高、业务精、技术强的高水平服务队伍。2009年，苏州积极推进农技推广中心建设。太仓市财政还配套资金100万元，积极开展工作，取得初步成效。2010年，苏州全市组织各级各类农业技术服务培训班1780余期，培训14.36万人次，并耐心解答农民群众提出的有关问题，直接服务农业生产[②]。

（五）完善制度体系

完善制度体系是指为维护和保障农民权益，强化相关制度建设。2009年，苏州市完成主体林改任务（明晰产权）1.70万公顷（25.52万亩），占市下达总任务的56%[③]，有效提升了农民生产积极性。

①②③　根据古吴轩出版社1983—2015年《苏州年鉴》等资料整理。

第五节　生态环境建设机制

一、生态环境建设机制内涵

生态环境建设机制是指苏州为改善环境质量，加强生态保护与建设，强化环保意识，实现经济社会与环境协调发展的制度设计与安排。具体包括加强领导和组织协调，完善环境经济政策，加大环境保护有效投入，强化环境法制，促进区域合作，提升科技支撑能力，扩大公众参与，完善规划评估、考核和修订（见图 6.7）。

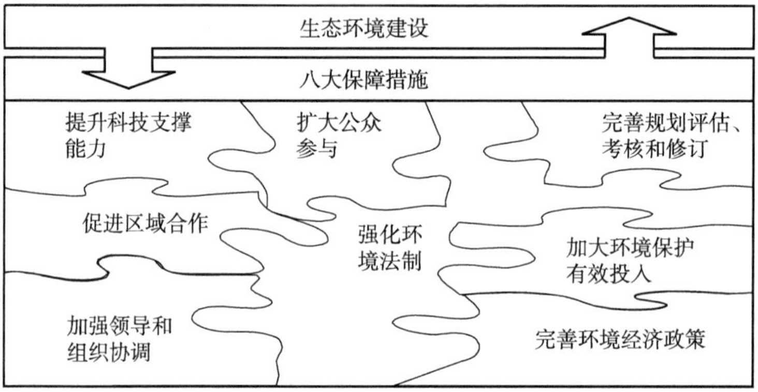

图 6.7　生态环境建设机制

二、生态环境建设机制构成内容

（一）加强领导和组织协调

政府始终是生态环境建设中发挥主导作用的经济主体。加强政府领导，统筹协调，分工协作，建立健全责任、措施、投入到位的跨部门综合管理体制，强化环保部门统一监管，是开展环境保护工作的前提条件。生态环境建设机制为苏州经济社会发展提供了有力的生态保障。2010年，沪宁高速铁路绿色廊道增绿756.67公顷（11350亩），荣获江苏省唯一的特等奖①。

（二）完善环境经济政策

苏州地方政府立足生态环境保护角度，实行差别化政策，淘汰对环境污染严重的企业，从信贷、税收等方面扶助绿色、环境友好型企业，建立与健全企业利润最大化与环境污染最小化激励相容的环境经济政策，实现经济社会环境的可持续性发展。

（三）加大环境保护有效投入

苏州统筹与引导社会各方力量，持续加大环境保护有效投入，为实现经济可持续性发展创造了条件。2010年，苏州市环保投入继续保持增长态势；全年整个社会环保投入约310亿元，占国内生产总值的比重达3.52%②。

（四）强化环境法制

苏州完善了环境应急响应、重大环境违法案件查处、环境管理信息网络覆盖等多项管理制度，以强化环境法制工作。

（五）促进区域合作

苏州市重点针对太湖流域水资源环境保护及大气治理等开展区域合作，尝试建立区域合作的环境保护体系，推动太湖流域生态文明建设，建设区域合作平台，交流环保经验，实现区域生态环境保护密切合作。

（六）提升科技支撑能力

苏州市强化环境科技工作及创新，针对环境污染来源中噪声、重金

①② 根据古吴轩出版社1983—2015年《苏州年鉴》等资料整理。

属、土壤、核辐射、大气、水、固体废物、农业面源污染八个主要类别，加强工业固体危险废物、交通噪声、农用地污染、灰霾、地下水等污染处理技术研究，普及农村测土配方施肥技术，提升社会环境科技创新能力，进行污染防治技术重大科技攻关。建设环境科技公共服务平台及天地一体监测网络、生态观测站，打造数字环保体系，实现整合、共享、服务、创新功能。

（七）扩大公众参与

社会公众积极参与是实施生态环境建设机制的重要基础。为此，苏州发挥党政工团、妇联、各种社会团体、志愿者的作用，积极探索建立政府-企业-社会公众环境保护联动体系建设。政府倡导环保理念，确立环境文明规范，推行低碳消费，宣传环保政策；企业除严格执行环境法规制度外，积极投入绿色环保公益活动；社会公众从自身一言一行做起，共创绿色生态文明。做到了环境信息公开透明，环境政策决策民主，环境保护与监督渠道通畅，生态环境建设机制运行良好。2009 年，以纪念世界环境日为契机，精心策划“苏州市环保宣传月”，有力地促进和扩大了社会公众参与①。

（八）完善规划评估、考核和修订

为建立与健全生态环境建设机制，重点推进环境保持规划事后反馈工作。统一协调环境规划事前、事中、事后各个环节，提高规划实施水平。同时，要求市县乡各级政府要自觉向人大、政协报告或通报环境规划实施情况，接受相关法律及民主监督，并注意随时与国家宏观调控政策、发展战略保持一致。及时因应经济社会环境重大变化，保证生态环境建设机制高效运行。

---

① 根据古吴轩出版社 1983—2015 年《苏州年鉴》等资料整理。

第六节　工农、城乡关系运行机制中的因果积累效应

一、因果积累效应

因果积累效应是指苏州城乡统筹规划机制、富民强村长效机制、公共服务均等化运行机制、现代农业发展机制、生态环境建设机制之间存在相互促进、相辅相成的因果关系。累积的因果关系包含了一个关于市场运行的基本假说。其理论基础是缪尔达尔（Myrdal，1957）归纳的循环和累积的因果关系原理。

当然，苏州发展的“不平衡”是一种向“非农”方向累积的不平衡，是一种效率不断提高和社会财富不断增加的不平衡。换句话说，这是一种规模报酬递增意义上的不平衡。1978 年改革开放之后的 30 余年中，“非农化”发展始终是苏州社会经济发展的主要任务。从 1978 年到 1994 年，当衣食与温饱问题基本得到解决后，与住行问题紧密相关的城镇化开始成为经济发展的主导。与产出规模报酬递增意义上的不平衡相对应的是一种工农、城乡关系发展一体化意义上的平衡，是在以工促农、以城带乡、协调发展、城乡统筹、共同富裕路径上的平衡。它可以分为两个小阶段，以 2009 年为分界点，1995 年至 2009 年是城乡差距逐渐扩大阶段，2010 年以后是城乡差距逐渐缩小阶段，工农、城乡基本实现协调、平衡发展。由此，规模报酬递增意义上的不平衡，与工农、城乡关系意义上的平衡成为一种对立统一力量，两者相互作用、相互影响、相互制约，成为因果积累效应机制的内在动力，迅速推动苏州不断向前发展（见图 6.8、表 6.4）。

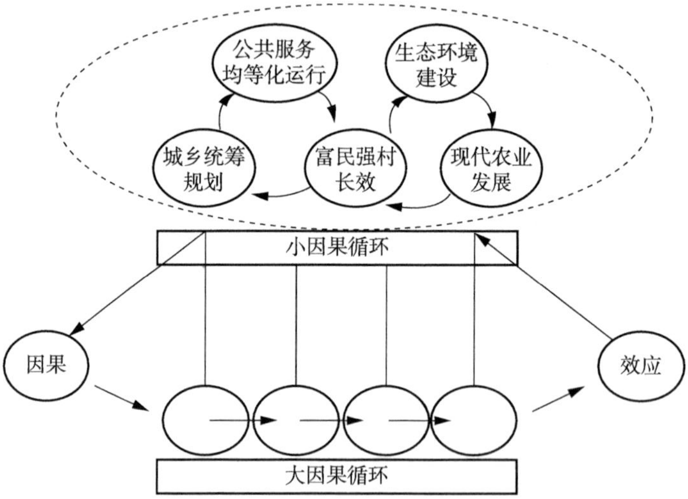

图 6.8　因果积累效应

表 6.4　因果积累效应分析

项目	城乡统筹规划机制	富民强村长效机制	公共服务均等化运行机制	现代农业发展机制	生态环境建设机制	因果积累效应
途径	三集中	三大合作	三置换	五大体系	八大保障	大、小因果积累
显性变化	新型居住社区增多，工业园区变大，农业土地规模增加	社区股份合作社、土地股份合作社、农民专业合作社、农业协会	换股——农民变股民、换保——农保变城保、换房——农民变市民	低碳、绿色、生态、生物科技、文化休闲	安全洁净型生态环境、舒适典雅型宜居环境、节约友好型生活环境、绿色生态产业	非农效应（非农产业、城镇化）
隐性变化	工、农业产出积累增加；生产要素地理区位集聚	工、农业产出积累增加；资源优化配置	工、农业产出积累增加；城乡公共服务差距缩小	工、农业产出积累增加；新型高端产业迅速发展	工农业产出增加积累的可持续性提升；生态环境承载力增加，对经济发展的支撑力增强	效率与产出积累提升效应

资料来源：根据古吴轩出版社 1983—2015 年《苏州年鉴》等资料整理。

二、以大、小两个因果积累循环为路径，形成良性因果积累效应

（一）从“三集中”到“八大保障”的过程是一个“显性变化”与“隐性变化”综合发展的过程

“三集中”的措施出发点与核心是重新配置土地资源，不仅如此，从经济地理区位的角度看，“三集中”缩短了产品物流空间运输距离，节约了生产成本，由于距离的变化引起劳动力等生产要素的重新配置，形成各种优势生产要素的集聚与合理匹配，克服了各种阻碍生产效率提高的不利条件，最终提高了苏州整个经济地理区位上相关产业的生产效率。“三置换”的出发点与核心是实现公共服务均等化。在置换过程中将土地承包权、经营权、宅基地使用权及住房所有权纳入“流通”过程中，优化了生产要素的配置。

“三大合作”的实质在于，以经济主体角色的转换为“突破口”，从农民到股民，从而实现了土地、劳动力、资金等各类资源优化配置，提高了生产效率；增收部分按股分配，调动了农民的生产与投资积极性，反过来促进了农民经济主体角色的转换。正是由于“三大合作”改变了经济主体的角色，才使“三集中”得以“稳定”，使“三置换”成为对农民有利的制度创新而最终顺利完成，使苏州成为中国城乡收入差异最小区域成为可能，使富民“长效”，形成良性因果循环。

“五大体系”是以发展现代“和谐产业”为龙头，打造农业区域特色、地方优势、多元功能、新型业态。五大体系的目标是将传统农业改造成现代农业，提高产业产出与生产效率。

“八大保障”行为主体是地方政府。由于生态环境机制建设是一个投资大、周期长的过程，厂商、农户、工人不具备相应的经济实力，也

缺乏长期发展“远见”。“加强领导和组织协调”成为最关键的保障之一。在此前提下，建立政府引导、市场运作的多种筹资渠道，“加大环境保护有效投入”并“完善环境经济政策”，“强化法治环境”保障，实施绿色信贷、绿色保险等经济政策，制定有针对性的专项地方性法规。“扩大公众参与”，积极引导和组织公众参与生态文明建设，并根据生态环境规划实施反馈信息，对相应规划进行“完善规划评估、考核和修订”。八个保障环节紧密相连、有机结合，为实现社会经济可持续发展、产业产出与劳动效率的不断提高奠定了基础。

不难看出，上述路径的轨迹是一个“显性变化”与“隐性变化”综合发展的过程。显性变化包括农民变股民、农保变城保、农民变市民等经济主体角色变化；隐性变化包括生产要素地理区位集聚，新型高端产业迅速发展，土地、资金、劳动力等生产要素按经济规律自由流动与配置所带来的工、农业产出积累增加。随着生产边际产出增加，城乡收入、公共服务差距迅速缩小，以及生态环境承载力增加，对经济发展的支撑力增强。其核心是产出效率与产出积累提升效应。

（二）两个因果积累循环

从经济学角度看，可以分为两个因果积累循环层面进行分析。

1. 小因果积累循环

小因果积累循环指的是“衣食（非农产业）住行（城镇化）”因果循环。城乡统筹规划机制、富民强村长效机制、公共服务均等化运行机制、现代农业发展机制、生态环境建设机制之间存在相互促进、相辅相成的因果效应关系，因果积累的方向为1978年改革开放时期经济发展的最初方向——“非农”方向，包括：产业非农化，主要解决“衣食”问题；以及经济地理区位非农化，推动城镇化，主要解决“住行”问题。“三集中”是生产要素的集聚，包括土地与劳动力的集聚。“三集中”将“城乡统筹规划机制”落到实处，优化了生产要素城乡一体化空间布局，主要表现为土地资源数量的增加；从2002年到2007年，“三大合作”将重新配置的生产要素用现代产业制度组织起来。非农产业高速发展要求建设现代农业，凸显了从农业向非农产业发展，再由非农产业向现代农业发展的因果循环累积过程。

2. 大因果积累循环

“大因果积累循环”指的是生态环境因果积累循环。人类社会是生态环境的一部分。人类社会的“衣食（非农产业）住行（城镇化）”活动与生态环境息息相关，相互作用及影响。生态环境的承载力是“衣食（非农产业）住行（城镇化）”经济行为的外部约束条件。改革开放数十年来，“小因果积累循环”提高了整个经济社会的劳动生产率，社会财富积累为“大因果积累循环”提供与创造了基础条件。同时，“大因果积累循环”会促进“小因果积累循环”往更高质量水平方向发展。生产效率的提高为生态环境建设机制、现代农业发展机制提供了充裕的资金、先进的技术、高素质的人力资源。经济社会的发展需要更高的生产效率，由此对农业与生态环境的支撑力提出了更高要求，具体表现为“衣食（非农产业）住行（城镇化）”与生态环境“承载力”之间的关系问题。“五大体系”解决的是“衣食（非农产业）住行（城镇化）”往更高质量水平方向发展的问题，“八大保障”解决的是生态环境“承载力”问题，即“小因果积累循环”与“大因果积累循环”之间统筹协调解决的是整个社会经济的可持续性问题。

（三）因果积累效应是苏州新型工农、城乡关系模式运行机制的“核心”

从时间维度划分，在1978年改革开放之后苏州工农、城乡关系变化的时间里，大小两个层次的因果循环积累是显性变化（表）与隐性变化（里）之间经济关系的因果循环累积。1978 年到 1994 年是一个隐性变化（里）为主、显性变化（表）为辅的变化过程，由于产业效率与社会财富的增长，社会收入普遍提高，“温饱”不再是问题，这是小因果循环积累的过程，它解决了居民的“衣食”问题；1995 年至 2015 年是一个显性变化（表）为主、隐性变化（里）为辅的变化过程，大量农民通过“换房、换保、换股”迁移到城镇，打破了城乡二元户籍制度的樊篱，城乡差距迅速缩小，城镇范围迅速扩大，城乡面貌变生巨大变化。2013 年苏州城镇化率达到 73. 15%，据武汉大学质量发展战略研究院发布的《2013 年中国质量观测报告》，苏州城市质量位列第一[①]。隐性变化与显性变化相互作用、相互影响，成为苏州新型工农、城乡关系模式运行机制的“核心”。1978 年改革开放之后的 30 多年时间里，循环积累核心方向是“非农”，以产业非农化解决“衣食非农化”，即“吃饭”问题，以城镇化解决“住行非农化”，即“住行”问题。建设“美丽中国”，实现可持续性发展，是在前述两个层次因果循环积累基础上的更高层次因果循环积累。

---

① 根据中国统计出版社 1984—2015 年《苏州统计年鉴》数据及古吴轩出版社 1983—2015 年《苏州年鉴》等资料整理。

第七章　经济发达地区新型工农、城乡关系模式中的问题

本书从整体上将问题分为经济发达地区工农、城乡关系形成机制中的问题及运行机制中的问题两大类，包括正在解决、尚待解决及发展过程中的各类、各式复杂问题，值得进行相关分析与研究。

第一节　新型工农、城乡关系模式形成机制中的问题

一、户籍制度的消极作用影响新型工农、城乡关系发展

自1978年实行改革开放以来，户籍制度发挥的作用始终存在积极与消极两面性的问题。一方面，户籍制度维持了工农、城乡关系以及经济社会的稳定与有序发展。1956年开始实行的城乡分割的户籍制度，作为一种人身身份的特征，成为资源配置的重要依据，对维持社会的稳定与有序发展仍然发挥着积极作用。

另一方面，户籍作为一种生产要素配置的基础手段，具体表现为通过身份界定将所有劳动力划分为农村农业部门劳动力与城市工业部门劳动力两类，农业部门实行统购统销，工业部门实行计划生产与销售。限制劳动力自由流动。利用“剪刀差”将农业剩余转移到城市，优先发展城市工业。它在计划经济年代发挥了重要作用，但在由计划经济向市场经济转轨的今天，曾经发挥积极作用的户籍制度阻隔了生产要素按市场规律自由配置，在某种程度上制约了新型工农、城乡关系的发展。此外，户籍制度还涉及劳动力要素转移问题。

二、工农、城乡关系自促增长范围有待进一步拓展

从我国地区的自然分布上，东中西不同地区经济水平存在较大差距。从大工农、大城乡关系角度看，东部经济发达地区是“城”，中西部经济落后地区是“乡”。新型工农、城乡关系自促增长的范围不应仅局限于东部经济发达地区，更应惠及中西部地区。东部经济发达地区有义务对中西部地区进行补偿。这不仅是“城”（东部经济发达地区）与“乡”（落后的中西部地区）之间相互依存性的体现，也是改革开放先富帮后富目标的要求。东部经济发达地区对中西部地区支持力度有待进一步提高，工农、城乡关系的自促增长范围有待进一步拓展。

三、二元劳动力就业市场中的城乡待遇差距过大

新型工农、城乡关系发展过程是一个包括劳动力就业市场城乡待遇差距在内的各类工农、城乡差距不断缩小的过程。但从改革开放之后的经验事实看，经济发达地区城市待遇仍高于农村待遇。劳动力在就业市场中的选择是一个理性选择过程，城乡待遇差距过大会对劳动力服务东部地区产生消极作用。二元劳动力就业市场中的城乡待遇差距过大，不利于社会公平，有碍于社会可持续性发展，不利于新型工农、城乡关系建设。

四、城镇化质量不高，阻碍经济可持续发展

在经济发达地区，新型工农、城乡关系形成机制处于成熟阶段，然而，处于经济发达地区领头羊的苏州，人均 GDP 从 1978 年的 968 美元上升到 2014 年的 5243 美元，刚刚开始进入工业化后期阶段。相较而言，2013 年，美国城镇化率达到 82.9%，法国城镇化率达到 86.8%，英国城镇化率达到 79.9%，中国城镇化率为 53.1%，仅达到世界城镇化

平均水平①。2014 年，苏州城镇化水平达到了 73.95%②，但与经济发达国家相比仍差去甚远。不仅如此，城乡社会医疗、社会保障、教育等公共服务水平也存在较大差距，城镇化质量不高，阻碍经济可持续发展。

第二节 新型工农、城乡关系模式运行机制中的问题

经济发达地区新型工农、城乡关系发展与建设对地方政府治理能力提出更高要求。在缩小城乡待遇差距，提高公共服务水平，促进工农、城乡关系和谐方面，经济发达地区地方政府建立了健全、有效的运行机制。

一、工农产业城乡布局有待规划，经济主体补偿未落实到位

在城乡统筹规划运行机制中，经济发达地区以“三集中”为措施，在运行机制推行中存在的问题见表 7.1。

表 7.1 “三集中”城乡统筹规划运行机制中存在问题及应对措施

问题	性质	应对措施
穷家难舍、故土难离	文化观念约束问题	移风易俗，加强思想宣传工作
户籍转移	劳动力要素流动问题	在城镇有固定的住所及稳定的收入，应可将户口迁入城镇。在变更这些人员的户籍时，要明确规定必须将承包田转移，农村住房限期拆除，否则不予接收
空心化	产业空间布局问题	打破现有行政区划，撤原有建制，将薄弱、空心村、镇并入强村、强镇，将乡镇、村办企业向工业园区集中
乡镇、村办企业星罗棋布	产业空间布局问题	
农户迁移后原农村住房补偿	经济主体补偿问题	按三置换办法解决

资料来源：根据古吴轩出版社 1983—2015 年《苏州年鉴》等资料整理。

① 根据中国统计出版社 2014 年《国际统计年鉴》及世界银行 WDI 数据库数据整理。

② 根据中国统计出版社 1984—2015 年《苏州统计年鉴》数据整理。

（一）文化、社会习俗观念约束问题

受传统文化影响，农民向新型社区集中过程中，恋乡情结问题比较突出。此外，农民还受到各种社会风俗习惯影响，如一家一户、独门独院居住习惯及其他农村常见的日常卫生习惯等，难以适应新型社区生活。针对此种情况，市、县、镇、乡各级政府要加强思想工作，提倡“住房公寓式、生活文明式”，移风易俗，建设现代精神文明。

（二）产业空间布局问题

规模经营可以在打破原有产业布局上实现新的产业空间集聚，提高规模效率。优化产业空间布局，扩大规模，提高产业生产效率，是三集中的主要目标。于是，便会面临原来的企业怎么转移，交通、道路、水、电等公共基础设施配套，产业转移对环境影响的评估，产业转移过程中产生的费用如何承担等诸多问题。地方政府采取了打破现有行政区划，撤销企业转出地的原有行政区划建制，将人口、产业薄弱、空心村、镇并入到强村、强镇的办法。

（三）经济主体补偿问题

实行耕地向规模经营集中后，主要有两类农民对口粮田取消有顾虑。一类是将农田转移出去的农户。他们将口粮田视为饭碗田，认为有口粮田风险小，万一耕地规模型经营回报低，不至于没有饭吃；认为在农户家庭附近打工的兼业农民可以做到企业工作与家里农活两不误，即便是长年在城镇打工的青壮年农民也可以把农业当作附带性产业，留给农村的留守老人及妇女耕种，获取额外性收益；此外，国家对粮食实施保护政策，不仅有粮食保护价，每年还有化肥、种子等多项补贴，务农的收益较过去有所增加。另一类是将转移出来的农田进行集中经营的种田能手或种粮大户，这类农户主要担心如果遇到重灾年，如何维持生产与生活。再者，还有农民向新型社区集中，原来的住房怎么处置，集体是否给予必要的补偿等深层次的矛盾和问题。对此，地方市县镇乡各级政府采取“三大合作”政策，取得了满意效果。

二、土地制度亟待改革，相关配套政策不完善

在公共服务均等化运行机制中，经济发达地区以“三置换”为路径，换股、换保、换房。在机制运行中存在以下问题：

一是资金投入问题。资金的主要来源是土地的增值收益。在有充裕的资金后，再解决人往哪里去的问题，即解决就业、社保（医疗、养老）、教育、户籍等一系列问题。

二是土地变性问题。在农村土地变性过程中，产生了“小产权房”问题。因为只是权宜之计，所以，如果不能解决农户集中居住新型社区的小产权房问题，势必影响农民置换后的收益权，挫伤农民向新型社区集中居住的积极性。

三是统筹规划政策配套问题。“三置换”是一个涉及各个部门的系统工程，由于相关部门尚未出台对应政策，三置换操作与执行过程受到较多政策条条框框的约束，阻力重重。应从统一规划做起，在做好“三置换”城乡一体化的关键环节的同时，跟进配套改革。

四是集中社区房型问题。多数农户认为两层三间房户型合适，对“三置换”搬迁过程中的其他房型不满意。为此，政府加强政策宣传，实行民主参政、议政，召开听证会，激发村民主动参与的积极性。同时充分尊重群众意见，力争把好事办好，让群众满意。在农户集中居住区的地理位置、房型、户型、价格等与民生直接相关方面多给群众话语权、参与权，将群众利益放在“三置换”首位。力争将此类问题发生的可能性降低到最低①（见表 7.2）。

---

① 中国苏州政府网站及苏州市政府 2010 年 7 月 2 日《关于市政协十二届三次会议第 205 号提案的答复》。根据古吴轩出版社 1983—2015 年《苏州年鉴》等资料整理。

表 7.2　公共服务均等化运行机制的主要问题及应对措施

问题	性质	应对措施
资金问题	生产要素问题	资金的主要来源是土地的增值收益
土地变性问题	土地制度问题	基础设施费应按农民建房标准收取或予以减免
政策配套问题	制度约束问题	跟进配套改革。“三置换”仅是城乡一体化的一环，配套改革必须跟进
集中社区房型问题	经济主体补偿问题	在集中居住区的地理位置、房型、户型、价格等方面多给群众一些话语权

资料来源：根据古吴轩出版社 1983—2015 年《苏州年鉴》等资料整理。

三、部分赶超战略政策脱离实际，相关经济制度有待完善

（一）制度约束过多

制度约束的主要表现有：①村委会与居委会的衔接问题。②针对“富民合作社”“劳务合作社”“旅游合作社”等新型农民合作经营组织不在相关法律范围内的问题，地方政府制定地方条例及规章，将“富民合作社”“劳务合作社”“旅游合作社”等新型农民合作经营组织纳入法律范围，健全法规法制，并在工商登记时确立其法人地位。③农村合作经济组织不规范问题。④规模效应不明显问题。原因在于农民经济合作组织大多是靠政府部门推动成立的，但总体运行质量不高，能够带动的当地农户一般仅为 30%左右。结果只是实现了“形式上”的“规模”，并没有达到资金、劳动力、土地等生产要素规模化，有违原来成立农民经济合作组织的初衷，规模效应不明显。

（二）经济发展不平衡

生产要素的集聚本身会造成地区之间经济发展不平衡，以苏州为例，昆山、太仓即使同属苏州，也存在类似情况。例如，同样是医疗保

障，太仓要高出其他地区许多。虽然短期内出现了偏离，但苏州政府采取了相应政策调控，保证了当地经济平衡发展（见表 7.3）。

表 7.3　富民强村长效运行机制中的问题及具体措施

问题	性质	具体措施
由于缺乏相关法律依据，“富民合作社”“劳务合作社”“旅游合作社”出现合法性问题	外部制度约束	制定地方条例及规章，将“富民合作社”“劳务合作社”“旅游合作社”等新型农民合作经营组织纳入法律范围
外部制度环境严峻，2002 年《土地股份制遭遇政策关碍》一文对苏州第一个土地股份合作社——吴中区木渎镇金星土地股份合作社提出质疑	外部制度约束	苏州市委、市政府经过调查研究，积极营造宽松的发展环境
村委会与居委会的衔接问题	外部制度约束	确保社区居委会的自治性
农村合作经济组织权责不明、层次较低，组织机构不健全	内部制度约束	规范运作农村合作经济组织
经济发展不平衡	经济增长极形成中的短暂偏离	生产要素的集聚会造成地区之间经济发展不平衡，昆山、太仓即使同属苏州也存在类似情况。虽然短期内出现偏离，但在苏州政府的政策调控下，恢复了平衡发展
规模效应不明显	“赶超战略”造成生产关系与生产力发展水平脱节	原因在于农民经济合作组织大多是靠政府部门推动成立的，但总体运行质量不高，能够带动的当地农户一般仅为 30%左右。结果只是实现了“形式上”的“规模”，并没有达到资金、劳动力、土地等生产要素的规模化，生产关系与生产力发展水平脱节，因此，规模效应不明显

资料来源：章轲．土地股份制遭遇政策关碍［N］．厂长经理日报，2002-29（C01）；苏办〔2006〕86 号文件《关于扶持发展农村富民合作社意见》及周国平，徐成华．苏州新型农村社区组织建设实证研究［J］．唯实，2010（Z1）．第 175-178 页。

四、农业技术创新及装备水平有待提高，经营者素质亟须提升

在现代农业发展运行机制中，产业技术创新成为产业非农化的瓶颈。出现的主要问题及解决措施如下：

一是科技农业发展还未有效突破。应持续加大教育及科技投入，缩小城乡教育机会及水平差距。

二是农业经营者素质低。留守在农村从事农业者多为老人及妇女，应加强对村农业经营者的培训，提高农业经营者素质。

三是保障主要农产品有效供给压力增大。随着大量农地转作非农化用途，建设用地增量多、减量少，造成粮食、生猪、叶菜类蔬菜自给水平下降。另外，农产品比较收益低，影响了主要农产品有效供给。

四是农业设施装备水平还不平衡。由于市场主体以追求效用最大化为目标，着重于眼前利益，对建设投资多、见效慢的农业基础设施及装备缺乏积极性。且地方政府重视程度不足，对农业设施装备的投资力度不够，对现代农业建设产生不利影响（见表 7.4）。

表 7.4　现代农业运行机制中的主要问题及具体解决措施

问题	性质	具体措施
科技农业发展未有效突破	技术创新	加大科技投入
农业经营者素质亟须提高	劳动力素质	加强对村农业经营者的培训，提高农业经营者素质
主要农产品有效供给压力增大	土地资源约束	保护耕地，提高农业产出率
农业设施装备水平不平衡	资本约束	增加农业机械投资，提高农业机械化水平

资料来源：根据古吴轩出版社 1983—2015 年《苏州年鉴》等资料整理。

五、生态环境有待改善，环境保护管理机制有待创新

尽管在经济发达地区模式成形之初，社会各界人士已经预见到经济发展所带来的环境污染问题，建议吸取国外经济发达国家发展过程中的经验，然而，经济发达地区在发展过程中，还是不同程度地走了一段先发展、后治理的老路。资源约束是造成这种情况的主要原因。在资金、技术、人力等各项资源不足的情形下，优先发展经济，其他的各项环保

制度就难以发挥应有作用。当经济发展后，才有更多的财力、物力投入到治理污染与环境保护中。

一是环境质量不容乐观。在经济发达地区经济高速增长过程中，水域、空气、土壤等环境污染问题尽管日趋缓解，但环境质量始终没有从根本上得到改善。

二是农村环境有待改善。农村脏乱差现象严重，农药、化肥、杀虫剂等农业生产过程中产生的污染失控。为解决此问题，经济发达地区普及测土配方施肥技术，积极引导农民科学施肥。在常熟、张家港、太仓等地建立生态农业示范基地。

三是环境保护管理体制有待创新。由于环境保护意识较差，受利益动机驱动，环境保护制度建设滞后，子孙后代利益让位于短期经济发展利益，产生较大负面影响（见表 7.5）。

表 7.5　生态环境建设运行机制中的问题及措施

问题	性质	具体措施
环境质量不容乐观	资源使用负外部性	深化环境保护目标责任制
农村环境有待改善	资源使用负外部性	开展畜禽养殖场污染综合治理
环境保护管理体制有待创新	资源使用负外部性	制定地方性法规和规章

资源来源：根据《苏州市“十二五”环境保护规划》等资料整理。

第八章　结论、政策启示及研究展望

第一节　主要研究结论

一、地方政府制度设计优势是经济发达地区新型工农、城乡关系发展优势

从改革开放的历史过程看，地方政府制度设计优势是经济发达地区新型工农、城乡关系模式发展优势。从经济社会长远发展看，政府主导、市场基础正在向政府引导、市场决定趋势转变。以政府为主导、以市场为经济资源配置基础，通过政府宏观调控等手段，实现生产要素优化配置，是经济发达地区新型工农、城乡关系模式的重要优势。

二、非农化方向是经济发达地区新型工农、城乡关系发展方向

在经济总量考核指标的压力下，地方政府作为理性经济人，选择比较效益较高的非农产业作为推动经济发展的主要方向成为一种必然。与此对应，非农产业的发展使农民摆脱了传统农业的束缚，提升了农民市民化水平。在经济水平提升后，又更有能力维护农村、农业环境友好的绿色底蕴，促进了新型城镇化建设，拉动了市场需求，加快了产业升级，非农化成为经济发达地区新型工农、城乡关系发展方向。

三、产出效率是经济发达地区新型工农、城乡关系发展的内在动力

产出效率是经济发达地区新型工农、城乡关系发展的内在动力。由于公共基础设施完善，交通便利，市场专业化分工程度高、资金充裕、生产技术先进等因素，生产与交易成本减少，产业效率提高。这一结果吸引了更多企业、劳动力、资金等生产要素集聚于经济发达地区，形成不断良性循环的因果累积效应。经验事实表明，提高产出效率已成为经济发达地区新型工农、城乡关系发展的目标与内在要求。

四、户籍堤坝效应具有积极性与消极性并存的两面性

户籍堤坝效应具有积极性与消极性并存的两面性。经济发达地区利用户籍制度堤坝效应的积极性，使建立在本地户籍制度基础上的城乡待遇差额成为经济发达地区新的经济剩余来源，提供给本地政府更多的财力、物力投入经济发展，改善民生，提高农民收入。当然，户籍堤坝效应导致了外来劳动力“同工不同酬”等不公平现象。随着户籍制度改革，农民工市民化正在成为工农、城乡关系发展的主流，农民工受歧视现象正在迅速减少。经济发达地区在变更非农化人员的户籍时，根据实际情况进行了灵活处理，没有在变更户籍身份的同时采取转移农民承包土地经营权、限期拆除农村住房等极端措施，促进了工农、城乡关系和谐发展。

五、自促增长模式有利于新型工农、城乡关系建设

自促增长模式是在社会主义市场经济建设背景下，经济发达地区促进新型工农、城乡关系发展，实现经济不断持续增长的基本特征与发展规律的抽象与概括，是相关政策、制度及经验的总结，是一种可以供中

西部经济欠发达地区借鉴的范型。从本地农村劳动力非农化到吸引外地劳务者助推当地经济发展，新型工农、城乡关系自促增长模式的自促半径与范围不断扩大；从经济发展到环境友好，从缩小工农、城乡收入差距到拆除户籍堤坝等社会治理制度革新，新型工农、城乡关系自促增长模式的自促内涵不断丰富；从地方主导到地方政府与市场共同主导再到市场主导经济社会发展，新型工农、城乡关系自促增长模式的自促方式不断完善。新型工农、城乡关系自促增长模式缩小了工农、城乡差距，推进了城乡发展一体化。

第二节　政策启示

一、经济发达地区新型工农、城乡关系模式发展顶层设计

（一）经济发达地区新型工农、城乡关系模式发展趋势

经济发达地区新型工农、城乡关系模式发展趋势包括自促增长半径与范围不断拓展、自促增长内容不断丰富、自促增长手段不断增多、自促增长效果愈加明显（见图 8.1）。应尊重客观规律，在实现产业现代化的同时，注重环境保护，在提高城乡居民收入的同时，加强新型社区建设，实现物质与精神文明同步发展，维持自促增长模式良好发展趋势。

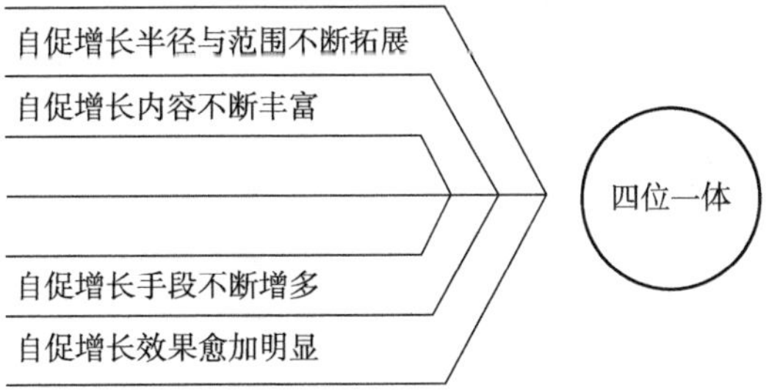

图 8.1　经济发达地区新型工农、城乡关系模式发展趋势

（二）经济发达地区新型工农、城乡关系模式发展任务

以苏州为例，2014 年苏州市城镇化率达到 73.95%①，新型工农、城乡关系进入和谐发展状态，正在向更高阶段新型工农、城乡关系迈进。其发展任务包括创新引领、民生优先等。创新引领是指苏州通过改革，以体制创新、科技创新、理念创新等引领工农、城乡发展。民生优先是指以民为本，改善民生。

（三）经济发达地区新型工农、城乡关系模式发展重点

经济发达地区新型工农、城乡关系模式发展重点包括加快转型、自主创新、稳定外贸、广惠民生、保护生态等。加快转型是指经济发达地区从制度改革入手，促进经济转型，优化体制环境；自主创新是加强保护自主知识产权；稳定外贸是指在 2008 年国际金融危机深层次影响仍在继续、世界贸易保护主义加剧，以及我国经济经过多年高速增长后增速放慢的宏观背景下，经济发达地区在自身转型升级期间采取增加外贸出口的各项制度安排；广惠民生是指经济发达地区在以人为本理念的指引下，大力推进以改善民生为重点的社会建设；保护生态是指苏州以政策机制创新为引导，同步构建生态产业的制度设计与安排。

二、经济发达地区新型工农、城乡关系模式发展战略举措

（一）加快配套制度改革，促进农民市民化

让农民离开农村成为城市人，是改革开放后的一种主流趋势。应加快户籍、教育、就业、养老保险等配套制度改革，运用宏观经济政策对农民工、农二代、农民、工人等经济主体的行为选择施加影响，在实行农户转城户的过程中，因地制宜，根据经济承载力，有条件、有序推进

① 根据中国统计出版社 1984—2015 年《苏州统计年鉴》数据整理。

配套制度变革，顺利实现农民市民化目标。

（二）破除二元市场，优化生产要素配制

应破除二元市场，建立统一的生产要素市场，以三大置换为手段，换股、换房、换保，转换农民经济主体身份及角色，提高农民享受到的教育、医疗、养老等公共服务水平，逐步缩小城乡公共服务差距。同时，优化土地生产要素配置，在提高产出效率的同时，积累更多经济剩余，用于教育、医疗、养老等方面，缩小公共服务差距。

（三）发挥地方政府制度优势，从分配制度入手缩小城乡待遇差距

在经济发达地区工农、城乡关系模式发展过程中，地方政府始终发挥着重要作用。应坚持地方政府制度优势，在发挥市场决定性作用的同时，从分配制度入手，提高农民收入，建立与健全农民工社会保障制度，增加对农民工子女即农二代的教育与劳动力培训，提高农民工素质，缩小农村待遇与城市待遇差距。开展分配制度改革可以采取两种手段：一种是运用行政政策改变经济主体所处的经济环境中的制度因素，促使经济主体的城市待遇、农村待遇或预期城市待遇、预期农村待遇发生变化，实现调控目标。例如，运用蓝印户籍调整农民工对城市制度工资的预期；另一种是运用税收、利率、财政补贴等市场调控手段，促使经济主体的城市待遇、农村待遇实现调控目标。

（四）因地制宜，选择适宜本地实际经济发展情况的城镇化速度

总体上看，城镇化速度受以下两个因素影响：一个是本地市民化的速度，应就近市民化，降低市民化的成本；另一个是经济发达地区外围农村劳动力市民化速度，在经济发达地区外围，仍然存在大量的农村剩余劳动力，应在本地农村剩余劳动力接近枯竭的情况下，采取延长退休年龄、继续放宽计划生育政策等方式，引进少数高学历（指学历高，例如海归博士、硕士、拥有高级职称或高级技能等全中国或全世界都需要

的短缺人才）、高资本（例如有投资及对本地有纳税贡献的私营业主）、高资源（例如有丰富的人脉资源或海外关系资源的人）类型的人才，提升城镇化质量。应兼顾城镇化成本与城镇化质量，选择适应经济发展水平的城镇化速度。

（五）加强法制建设，实现新型工农、城乡关系可持续发展

经济发达地区城乡一体化发展中出现的“血地”难舍、故土难离、恋乡情结等社会风俗习惯问题，以及劳动力要素流动、产业空间布局等问题的核心是各经济主体利益协调问题。地方政府、农民、市民都有不同的利益诉求，面对此类矛盾和问题，苏州地方政府在将人口以及产业薄弱、空心村、镇并入到强村、强镇的同时，坚持采取“三大合作”政策，协调农民、企业家、地方政府等经济主体的利益矛盾，保护农民合法权益，提高农民收入，解决农民衣食住行问题，提升了工农、城乡发展一体化水平。从长远看，还应加强法制建设，按规律决策，依法办事，实现新型工农、城乡关系可持续发展。

（六）推进地方政府治理能力现代化

在经济发达地区新型工农、城乡关系模式变化过程中，几乎所有问题都是“非农化”过程中发生的问题，这对提高地方政府治理能力提出了更高要求。无论是解决“衣食”问题的“非农产业”，还是解决“住行”问题的“城镇化”，均是如此。经济发达地区地方政府在推行“非农化”政策中出现的各类偏差与问题，从侧面反映出地方政府推动治理能力现代化的必要性与重要性。

（七）注重发展过程中的生态文明

关注生态文明是经济发达地区新型工农、城乡关系模式发展过程中的一个“亮点”。以苏州为例，作为“人间天堂”，苏州在“十二五”规划及总体发展的“三区三城”目标中，均强调苏州生态文明与历史

文明融合的发展方向。应注重经济发展过程中的生态文明建设。

三、经济发达地区新型工农、城乡关系模式发展措施保障

（一）健全“地方政府主导、市场决定”的工农、城乡关系模式发展战略体系

从1978年改革开放之后发展过程看，地方政府在工农、城乡关系模式发展中始终发挥着主导作用，适应了工农、城乡关系模式发展要求，较好地促进了经济增长。应按照经济客观规律，适应工农、城乡关系发展新情况、新问题，适时调整地方政府与市场之间的关系，完善市场调节机制与功能，建立健全“地方政府主导、由市场决定”的工农、城乡模式发展战略体系。

（二）以重大项目为抓手，建立健全战略实施与保障机制

按照工农、城乡关系发展战略确定的主要目标和工作任务，建立健全相关实施与保障机制。尤其是应将涉及城乡中长期发展的重大项目作为重点与抓手，统筹兼顾，保证战略实施与保障机制建设落实到位。

（三）重视工农、城乡关系模式发展战略评估

战略评估是工农、城乡关系模式发展必不可少的重要环节之一。战略实施与执行效果的好坏，只有通过评估与反馈才能确定。整个工农、城乡关系模式发展是一个不断进行评估、反馈、调整、完善的过程。重视工农、城乡关系模式发展战略评估是完善苏州新型工农、城乡关系模式发展的重要内容。

（四）加强工农、城乡关系模式发展过程监控

及时监督与控制新型工农、城乡关系模式发展过程，做到信息实时、动态反馈，是保证新型工农、城乡关系健康、持续发展必不可少的

环节，是完善新型工农、城乡关系模式的重要内容。

第三节　研究展望

本书从小处着手，以人为核心，探索改革开放38年我国经济发达地区新型工农、城乡关系模式，分析相关的经济主体行为选择、相关制度设计安排，以及模式相关的经济数量关系和其反映出的经济结构，为中西部地区发展提供借鉴，也为东部经济发达地区可持续发展提供理论依据。

1. 可以从社会学、政治学、人口学等视角分析新型工农、城乡关系模式

从1978年之后以来的历史过程看，非农化方向是经济发达地区新型工农、城乡关系模式发展方向。按现行法律制度，城市户籍居民不能购买农村集体所有性质的土地，因此，新型工农、城乡关系模式研究的内容更多是农民进城及相关市民化等问题，后续研究中可对市民下乡的相关问题做进一步研究。

2. 户籍堤坝效应消失后的新型户籍制度研究

从经济发达国家经验看，一是新型户籍制度相关的配套政策需要进一步研究。二是主流观点认为我国正处于劳动适龄人口的高峰期，在放宽生育政策背景下，人口红利将长期持续。那么，人口红利还能持续多长时间？是否存在二次人口红利？蔡昉（2009）与穆光宗（2008）等对此持完全相左的观点，且当前学术界对此也存在诸多争议，值得深入探讨。三是随着经济与社会的不断发展，工农、城乡关系的内涵正在发生变化，在新情况下，对何谓工农、何谓城乡需要进行后续研究。

参考文献

[1] 安虎森. 增长极理论评述 [J]. 南开经济研究, 1997 (1).

[2] 白雪瑞, 陈江. 中国工业化的体制选择与城乡关系 [J]. 理论前沿, 2008 (17).

[3] [美] 保罗·萨缪尔森, 威廉·诺德豪斯. 经济学 [M]. 北京: 人民邮电出版社, 2008.

[4] 查颖冬. 苏州高新企业创新能力提升探析 [J]. 宏观经济管理, 2013 (5).

[5] 程晔. "三集中"提升苏州新农村建设水平的调查与思考 [J]. 科技创业月刊, 2008 (9).

[6] 程名望, 史清华, JIN YANHONG, 盖庆恩. 农户收入差距及其根源: 模型与实证 [J]. 管理世界, 2015 (7).

[7] 陈锡文. 推动城乡发展一体化 [J]. 求是, 2012 (23).

[8] 陈炜. 近代中国城乡关系的二重性: 对立与统一 [J]. 宁夏大学学报 (人文社会科学版), 2008 (1).

[9] 陈大斌. 苏州农村的"三大合作"改革 [J]. 中国合作经济, 2008 (11).

[10] 陈俊梁. 城乡一体化发展的"苏州模式"研究 [J]. 调研世界, 2010 (7).

[11] 陈俊梁, 陈瑜. 苏州农村"三大合作"——中国城乡一体化发展之路 [J]. 农业现代化研究, 2011 (2).

[12] 陈佳贵，黄群慧，钟宏武．中国地区工业化进程的综合评价和特征分析 [J]．经济研究，2006（6）．

[13] 陈吉元，韩俊．人口大国的农业增长 [M]．上海：上海远东出版社，1996.

[14] 陈承明，施镇平．中国特色城乡一体化探索 [M]．长春：吉林大学出版社，2010.

[15] 陈锡根，熊诗平，凌岩．城乡一体化研究中的几个问题 [J]．农业经济问题，1991（3）．

[16] 陈林，龙自云．国际金融危机与我国先发地区产业转移——以外向型“东莞模式”为例 [J]．产经评论，2011（1）．

[17] 陈丹，唐茂华．新型工农城乡关系的演进脉络与政策框架 [J]．河北经贸大学学报，2014（6）．

[18] 谌新民．户籍改革为释放体制创新红利扫除障碍 [N]．南方日报，2014-08.

[19] 楚红丽．我国公立高校收费行为分析 [J]．河南社会科学，2003（6）．

[20] 曹英伟．市场：调节工农关系的机制——布哈林的经济思想 [J]．东北师大学报，1997（2）．

[21] 蔡昉．发展阶段转折点与劳动力市场演变 [J]．经济学动态，2007（12）．

[22] 蔡昉．中国农村改革三十年——制度经济学的分析 [J]．中国社会科学，2008（6）．

[23] 蔡昉．未来的人口红利——中国经济增长源泉的开拓 [J]．中国人口科学，2009（1）．

[24] 蔡云辉．新中国成立60年来我国城乡关系研究述评 [J]．学术探索，2011（4）．

［25］蔡书凯，何朝林．城乡一体化发展中的政府主导与市场决定［J］．区域经济评论，2015（3）．

［26］楚成亚．户籍身份与城乡关系观念［J］．当代世界社会主义问题，2008（4）．

［27］［美］丹尼尔·布罗姆利．经济利益与经济制度——公共政策的理论基础［M］．上海：上海三联书店，1996．

［28］党国英．农村土地流转是大势所趋［J］．国土资源，2014（8）．

［29］邓大才．以工补农的经济研究［J］．学术探索，2003（10）．

［30］戴平安．消除农民工困境　构建新型工农关系［J］．湖北社会科学，2009（5）．

［31］［德］杜能．孤立国同农业和国民经济的关系［M］．北京：商务印书馆，1986．

［32］樊胜根，邢鹂，等．农业科研与城镇贫困［J］．农业技术经济，2006（5）．

［33］樊纲．两种改革成本与两种改革方式［J］．经济研究，1993（1）．

［34］［美］范里安．微观经济学：现代观点（第六版）［M］．上海：上海人民出版社，2006．

［35］方立明，奚从清．温州模式：内涵、特征与价值［J］．浙江大学学报（人文社会科学版），2005（3）．

［36］方松海，白瑜洁．城乡经济社会发展一体化改革回眸——工农城乡关系30年变迁［J］．中国延安干部学院学报，2009（1）．

［37］方志权，顾海英，张晨，陈怡赟，楼建丽．农村土地承包关系“长久不变”的调查与思考——以上海市郊区为例［J］．中国农村经济，2015（10）．

［38］费孝通．应用压倒理论［J］．读书，1979．

[39] 费孝通．苏南乡村发展的新趋势 [J]．中国乡镇企业，1999 (11).

[40] 冯海发．着力实施农业生态环境保护建设重大工程 [J]．农村工作通讯，2015 (12).

[41] [法] 傅立叶．傅立叶文选（第1卷）[M]．北京：商务印书馆，1979.

[42] 高铁梅，范晓非．中国劳动力市场的结构转型与供求拐点 [J]．财经问题研究，2011 (1).

[43] 郭书田．二元经济结构与工农关系协调发展 [J]．环渤海经济瞭望，1999 (2).

[44] 郭玮．工农关系调整的难点与对策 [J]．中国农村经济，1989 (7).

[45] 郭玮．工农关系调整的障碍因素 [J]．农业经济问题，1990 (11).

[46] 郭玮．中国工农关系研究 [J]．经济学家，1992 (1).

[47] 郭宁，吴振磊．非均衡发展—均衡发展—城乡一体化—西方经济学城乡关系理论评述 [J]．生产力研究，2012 (10).

[48] 郭守亭．民间资本对区域经济发展的作用分析——基于对“温州模式”与“苏州模式”的比较 [J]．农业经济问题，2008 (8).

[49] 郭翔宇，颜华．统筹城乡发展：理论、机制、政策 [M]．北京：中国农业出版社，2007.

[50] 郭克莎．我国产业结构变动趋势及政策研究 [J]．管理世界，1999 (5).

[51] 郭克莎，汪红驹．经济新常态下宏观调控的若干重大转变 [J]．中国工业经济，2015 (11).

[52] 顾海英．新农村建设≠城市化 [J]．中华民居，2009 (3).

[53] 顾秀英，胡一河．全国慢病防治示范社区太仓模式在苏州市的发展情况［J］．中国公共卫生管理，2005（2）．

[54] 韩俊．我国工农业关系的历史考察［J］．中国社会科学，1993（4）．

[55] 韩俊．中国城乡关系演变60年：回顾与展望［J］．改革，2009（11）．

[56] 韩长赋．正确处理工农城乡关系的几个问题［J］．农村工作通讯，2012（16）．

[57] 洪银兴．苏南模式的演进及其对创新发展模式的启示［J］．南京大学学报（哲学·人文科学·社会科学），2007（2）．

[58] 胡琳．“东莞模式”产业转型对内地经济发展的启示和借鉴［J］．中国商贸，2012（14）．

[59] 黄祖辉．城乡发展一体化的实现途径［J］．浙江经济，2012（24）．

[60] 黄承圯．“昆山之路”造就“昆山模式”［J］．中国外资，2002（10）．

[61] 焦必方．现阶段乌兹别克斯坦的新农村建设——政府主导并以农村新住宅建设为杠杆［J］．上海农村经济，2013（8）．

[62] 金碚．人与自然和谐发展——评《生态康养论》［J］．社会科学研究，2016（2）．

[63] 孔祥智．新型农业经营主体的地位和顶层设计［J］．改革，2014（5）．

[64] 柯炳生．新常态下中国农业发展新特点和新思路［J］．中国棉麻产业经济研究，2015（4）．

[65]［美］兰德尔．资源经济学：从经济角度对自然资源和环境政策的探讨［M］．北京：商务印书馆，1989.

[66] 梁龙. 从索取到“反哺”——从工农关系变化看我国农业和农村经济 30 年 [J]. 宏观经济管理，2008 (10).

[67] 刘芳，郭忠兴. 从利益集团的理论解读“昆山模式”的制度变迁 [J]. 国土资源科技管理，2005 (5).

[68] 刘运梓. 关于发展中国家工农业关系理论的评介 [J]. 国际技术经济研究学报，1993 (3).

[69] 刘明兴，张冬，章奇. 区域经济发展差距的历史起源：以江浙两省为例 [J]. 管理世界，2015 (3).

[70] 刘潇. 苏南模式、温州模式和珠江模式的比较——基于费孝通的“模式”研究 [J]. 学理论，2013 (14).

[71] 刘国良. 苏南模式与温州模式、珠江模式的比较 [J]. 浙江经济，2006 (18).

[72] [美] 刘易斯. 二元经济论 [M]. 北京：北京经济学院出版社，1989.

[73] 林毅夫. 中国还没达到工业反哺农业阶段 [N]. 南方周末，2003-07.

[74] 李玉梅，王冬生. “苏州模式”的经济分析 [J]. 当代财经，2004 (5).

[75] 李泉. 中国城乡关系：协调机制与支撑体系 [J]. 广东社会科学，2007 (2).

[76] 李中东，李东升. 和谐社会构建中的政府行为机制研究 [J]. 山东工商学院学报，2005 (4).

[77] 李海波. 我国城乡统筹发展的主要模式 [J]. 知识经济，2011 (6).

[78] 李溦. 农业剩余与工业化资本积累 [M]. 昆明：云南人民出版社，1993.

［79］李雪根．苏南模式正在创新中发展［J］．现代经济探讨，2006（12）．

［80］厉以宁．罗斯托起飞学说的评论［J］．北京大学学报（哲学社会科学版），1984（4）．

［81］骆华湘．“太仓模式”统筹城乡社保［J］．中国劳动保障，2008（11）．

［82］罗必良．新制度经济学［M］．太原：山西经济出版社，2005．

［83］陆益龙．户籍制度改革与城乡关系的协调发展［J］．学海，2001（6）．

［84］陆益龙．户口还起作用吗——户籍制度与社会分层和流动［J］．中国社会科学，2008（1）．

［85］陆兆庆，唐文竹．戚区：三大集中行动力保全年目标［N］．常州日报，2012-12．

［86］陆晓华．让农民享受更多改革红利［N］．苏州日报，2013-04．

［87］卢汉超．非城非乡、亦城亦乡、半城半乡——论中国城乡关系中的小城镇［J］．史林，2009（5）．

［88］刘朔，李倩茹．对统筹城乡发展中两个问题的思考［J］．中国行政管理，2012（4）．

［89］马良华．论对后起国工农两部门发展关系协调性的诊断和矫正——兼论我国现阶段工农关系的协调性与宏观调节［J］．社会科学战线，2002（2）．

［90］马丽平．透视苏州发展模式［J］．现代经济探讨，2005（9）．

［91］［德］马克思．1844经济学哲学手稿［M］．北京：人民出版社，1985．

［92］［德］马克思．资本论选读［M］．南京：南京大学出版社，1999.

［93］［德］马克思．政治经济学批判大纲（草稿）（第五分册）［M］．北京：人民出版社，1978.

［94］缪小征，曾巧生．以和谐理念构建新型城乡关系［J］．江西社会科学，2005（5）.

［95］穆光宗．中国的人口红利：反思与展望［J］．浙江大学学报（人文社会科学版），2008（3）.

［96］［美］诺斯．制度、制度变迁与经济绩效［M］．上海：上海三联出版社，1994.

［97］牛若峰．论我国工农关系失衡与发展观的转变［J］．农业经济问题，1992（3）.

［98］［英］欧文．欧文选集（第1卷）［M］．北京：商务印书馆，1997.

［99］彭小辉，史清华，朱喜．城乡二元户籍制度的认知、现实影响与改革取向——基于上海的实证调查［J］．中国软科学，2013（5）.

［100］［英］庇古．福利经济学（上卷）［M］．北京：商务印书馆，2010.

［101］曲福田．以破除城乡二元结构为突破口　加快形成城乡发展一体化新格局［J］．群众，2011（3）.

［102］［美］H. 钱纳里，等．工业化与经济增长的比较研究［M］．上海：上海三联书店，1989.

［103］任晓．制度转型的互惠性动力：经济民营化变革中的地方政府意志——关于“温州模式”生成的一个假说及其检验［J］．社会科学研究，2006（1）.

［104］［法］圣西门．圣西门选集［M］．北京：商务印书馆，2009.

［105］史晋川，朱康对．温州模式研究：回顾与展望［J］．浙江社会科学，2002（3）．

［106］宋林飞．中国“三大模式”的创新与未来［J］．南京社会科学，2009（1）．

［107］宋宇文．苏南模式演进［J］．上海经济，2009（2）．

［108］苏明．我国城乡发展一体化与财政政策思路［J］．当代经济管理，2014（1）．

［109］孙文凯，白重恩，谢沛初．户籍制度改革对中国农村劳动力流动的影响［J］．经济研究，2011（1）．

［110］孙加秀．统筹城乡经济社会一体化发展研究［M］．成都：电子科技大学出版社，2008.

［111］孙久文．走向2020年的我国城乡发展战略［M］．北京：中国人民大学出版社，2010.

［112］石忆邵，何书金．城乡一体化探论［J］．城市规划，1997（5）．

［113］袁方，史清华，晋洪涛．居住证制度会改善农民工福利吗？——以上海为例［J］．公共管理学报，2016（1）．

［114］陶然．以土地制度改革解决农民工住房问题［J］．中国党政干部论坛，2013（11）．

［115］涂寿儒．正确处理工农关系是治理整顿的首要问题［J］．求实，1989（7）．

［116］王宝证，汪彬彬．淮南矿业解工农关系难题［N］．中国煤炭报，2010-11.

［117］王伟，吴志强．基于制度分析的我国人口城镇化演变与城乡关系转型［J］．城市规划学刊，2007（4）．

［118］王辛欣，任保平．以城乡关系的协调推进经济增长质量的提高［J］．财经科学，2010（9）．

[119] 王克强，张忠杰．城乡居民收入差距研究 [J]．农业技术经济，2012 (12)．

[120] 王克强，贺俊刚，刘红梅．户籍堤坝效应与东部城市就业吸引力研究 [J]．中国人口科学，2014 (6)．

[121] 王忠武．当代中国城乡关系的三重建构机制 [J]．学术月刊，2012 (12)．

[122] 王荣，韩俊，徐建明．苏州农村改革 30 年 [M]．上海：上海远东出版社，2007.

[123] 王景新．明日中国：走向城乡一体化 [M]．北京：中国经济出版社，2005.

[124] 汪汇，陈钊，陆铭．户籍、社会分割与信任：来自上海的经验研究 [J]．世界经济，2009 (10)．

[125] 王国刚．城镇化：中国经济发展方式转变的重心所在 [J]．经济研究，2010 (12)．

[126] 温铁军．城镇化不是产业化，改革是真正动力 [J]．农村工作通讯，2014 (4)．

[127] [美] 韦默．制度设计 [M]．上海：上海财经大学出版社，2004.

[128] 武力．论改革开放以来中国城乡关系的两次转变 [J]．教学与研究，2008 (10)．

[129] 吴敬琏．中国经济体制与发展模式转型 [J]．新金融，2015 (5)．

[130] 吴方卫，张锦华，孔艳杰．潜在原油缺口与经济可持续增长 [J]．中国管理科学，2014 (S1)．

[131] 夏永祥．“苏南模式”的演进轨迹与城乡关系转型思考 [J]．苏州大学学报（哲学社会科学版），2011 (4)．

[132] 夏永祥．“三集中”是顺利推进“三化”的必由之路——来自苏州的经验［J］．中国乡村发现，2012（2）．

[133] 熊辉，刘群锋，葛浩．创造性服务业与区域执行：东莞模式（英文）［J］．东莞理工学院学报，2013（5）．

[134] 邢和明．努力推进新型工农城乡关系的构建——以2004—2010年中央一号文件为例［J］．毛泽东邓小平理论研究，2011（9）．

[135] 许庆，章元，邬璟璟．中国保证粮食安全前提下的农村劳动力转移边界［J］．复旦学报（社会科学版），2013（4）．

[136] 徐晓伟，刘澈元．长三角城市化与经济发展水平关系研究——基于东部主要城市的比较分析［J］．现代城市研究，2012（11）．

[137] 徐志刚，宋雅琴．推动PPP发展与供给侧改革［N］．中国建设报，2016-04.

[138] 奚建武．城乡关系变迁的新动力——基于城乡复合型二元结构视角的分析［J］．城市问题，2009（6）．

[139] 姚海明．我国农业保险制度建立与完善机制研究——以苏州市为例［J］．农业经济问题，2012（11）．

[140] 姚先国，赖普清．中国劳资关系的城乡户籍差异［J］．经济研究，2004（7）．

[141] 姚洋．持续增长的良好支撑基础和条件没有变［J］．中国中小企业，2016（1）．

[142]［英］亚当·斯密．国富论［M］．西安：陕西人民出版社，1999.

[143] 袁志刚．中国的乡-城劳动力流动与城镇失业：一个经验研究［J］．管理世界，2006（8）．

[144] 杨凌志，王芳，高旺盛．中国“以工补农”政策的地区适用性初探［J］．中国农学通报，2007（10）．

［145］杨宏山．城乡关系与地方治理改革［J］．北京行政学院学报，2012（5）．

［146］杨斌．我国收入分配状况的纠正：公共服务均等化还是税收调节——兼论改变经济全球化中生产要素流动的非对称性对纠正收入分配的作用［J］．税务研究，2013（1）．

［147］叶超，曹志冬．城乡关系的自然顺序及其演变——亚当·斯密的城乡关系理论解析［J］．经济地理，2008（1）．

［148］易文彬，戴攸峥．论城乡关系视野下的新农村建设［J］．未来与发展，2009（11）．

［149］于冷．农产品价格上涨未必导致通货膨胀［J］．北京农业，2012（14）．

［150］翟俊生，徐建国，徐广．苏州：以制度创新推进社会建设新突破［J］．宏观经济管理，2012（12）．

［151］詹武．工农城乡必须协调发展共同繁荣［J］．农业经济问题，1995（8）．

［152］张雨林．小城镇建设与城乡协调发展［J］．中国社会科学，1986（4）．

［153］张瑞兰．新中国知识分子与工农关系的演变及启示［J］．武汉大学学报（哲学社会科学版），2010（2）．

［154］张汝立．我国的城乡关系及其社会变迁［J］．社会科学战线，2003（3）．

［155］张红宇．关于城乡统筹推进过程中若干问题的思考［J］．管理世界，2005（9）．

［156］张晔．“苏州模式”的反思及区域发展道路的选择［J］．上海经济研究，2005（5）．

［157］张云华，郭铖．农业经营体制创新的江苏个案：土地股份合

作与生产专业承包［J］. 改革，2013（2）.

［158］张玮，王琼，缪艳萍，丁金宏. 大城市外来人口离“市民待遇”还有多远？——以上海市居住证制度为背景［J］. 人口与发展，2008（4）.

［159］张五常. 经济解释——张五常经济论文选［M］. 北京：商务印书馆，2000.

［160］张锦华，吴方卫，王雅丽. 工资歧视、经济溢出与区域经济增长——一个关于农村转移劳动力工资歧视的理论框架与实证研究［J］. 江西财经大学学报，2015（2）.

［161］张敦富，孙久文. 中国区域城市化道路研究［M］. 北京：中国轻工业出版社，2008.

［162］张晓群. 珠三角如何在吸引 FDI 方面应对长三角的竞争［J］. 经济与社会发展，2008（1）.

［163］章轲. 土地股份制遭遇政策关碍［N］. 厂长经理日报，2002-02.

［164］赵晓. 苏州模式与温州模式的“中国经验”［J］. 经济前沿，2005（5）.

［165］赵群毅. 城乡关系的战略转型与新时期城乡一体化规划探讨［J］. 城市规划学刊，2009（6）.

［166］赵德余，彭希哲. 居住证对外来流动人口的制度后果及激励效应——制度导入与阶层内的再分化［J］. 人口研究，2010（6）.

［167］赵洋. 当代中国城乡关系的变迁［J］. 科学社会主义，2011（6）.

［168］赵勇. 城乡良性互动战略［M］. 北京：商务印书馆，2004.

［169］赵伟. 温州模式：作为区域工业化范式的一种理解［J］. 社会科学战线，2002（1）.

[170] 钟甫宁．正确认识粮食安全和农业劳动力成本问题 [J]．农业经济问题，2016 (1).

[171] 钟瑶奇．以城乡互动统筹城乡发展 [J]．农村经济，2008 (12).

[172] 郑有贵．构建新型工农、城乡关系的三项政策思考 [J]．农村工作通讯，2010 (3).

[173] 郑秉文，张兴文．一个具有生命力的制度创新：大病保险"太仓模式"分析 [J]．行政管理改革，2013 (6).

[174] 郑国，叶裕民．中国城乡关系的阶段性与统筹发展模式研究 [J]．中国人民大学学报，2009 (6).

[175] 郑建宝．论东莞模式及其政策支撑体系 [J]．经济研究导刊，2010 (26).

[176] 中共安徽省委组织部课题组．关于正确认识和处理新形势下我国工农关系、城乡关系问题的调查报告 [J]．理论建设，2001 (1).

[177] 中国社会科学院课题组．"温州模式"的转型与发展——"以民引外，民外合璧"战略研究 [J]．中国工业经济，2006 (6).

[178] 周定溶．重庆市实施"以工促农，以城带乡"战略的路径探析 [J]．探索，2007 (5).

[179] 周国平，徐成华．苏州新型农村社区组织建设实证研究 [J]．唯实，2010 (Z1).

[180] 周尔鎏．城乡协调发展研究 [M]．南京：江苏人民出版社，1991.

[181] 周天勇．城市发展战略：研究与制定 [M]．北京：高等教育出版社，2005.

[182] 周琳琅．统筹城乡发展理论与实践 [M]．北京：中国经济出版社，2005.

［183］周叔莲．提高生产率仍是根本问题［J］．中国流通经济，2011（5）．

［184］朱海龙．中国城市化过程中城乡关系问题探究［J］．甘肃社会科学，2005（3）．

［185］朱晓峰．我国农村经济运行机制变迁方式的转换与对策［J］．社会科学家，1994（3）．

［186］朱希刚．农业科技成果产业化的运行机制［J］．农业科技管理，2000（2）．

［187］朱启臻．城乡一体化要遵守两个规律［J］．经济导刊，2015（8）．

［188］朱介鸣．城乡统筹发展：城市整体规划与乡村自治发展［J］．城市规划学刊，2013（1）．

［189］1978—2015 年苏州市政府与党委历年文件、通知及会议决议。

［190］苏州市统计局．1984—2015 苏州统计年鉴［M］．北京：中国统计出版社．

［191］苏州市档案局．1983—2015 苏州年鉴［M］．苏州：古吴轩出版社．

［192］ANTLE，J. M. The new economics of agriculture［J］. American Journal of Agricultural Economics，1999，81（5）：993-1010.

［193］AU，C. C.，HENDERSON，J. V. Are Chinese cities too small［J］. The Review of Economic Studies，2006，73（3）：549-576.

［194］BARDHAN，P. Alternative approaches to development economics［J］. Handbook of Development Economics，1988（1）：39-71.

［195］BLACK，D.，HENDERSON，V. A Theory of urban growth［J］. Journal of Political Economy，1999，107（2）：252-284.

[196] BERTINELLI, L., STROBL, E. Urbanisation, urban concentration and economic development [J]. Urban Studies, 2007, 44 (13): 2499-2510.

[197] BEALL, J., GUHA-KHASNOBIS, B., KANBUR, R. Beyond the tipping point: a multidisciplinary perspective on urbanization and development [M]. Oxford University Press, 2010.

[198] BLOOM, D. E., WILLIAMSON, J. G. Demographic transitions and economic miracles in Emerging Asia [J]. The World Bank Economic Review, 1998, 12 (3): 419-455.

[199] BOURGUIGNON, F., MORRISSON, C. Inequality and development: The role of dualism [J]. Journal of Development Economics, 1998, 57 (2): 233-257.

[200] TACOLI, C. Rural-urban interactions; a guide to the literature [J]. Environment and Urbanization, 1998 (10): 147-166.

[201] TACOLI, C. The links between urban and rural development [J]. Environment and Urbanization, 2003, 15 (1): 3-12.

[202] CHAN, K. W., ZHANG, L. The hukou system and rural-urban migration in china: processes and changes [J]. The China Quarterly, 1999 (160): 818-855.

[203] CHAN, K. W., BUCKINGHAM, W. Is China abolishing the hukou system? [J]. The China Quarterly, 2008 (195): 582-606.

[204] CHAN, K. W. The Chinese Hukou system at 50 [J]. Eurasian Geography and Economics, 2009, 50 (2): 197-221.

[205] CLARKE, K. C., HOPPEN, S., GAYDOS, L. A Self-modifying cellular automaton model of historical urbanization in the san francisco bay area [J]. Environment and Planning B: Planning and Design, 1997, 24 (2): 247-261.

[206] COASE, R. H. The nature of the firm [J]. Economica, 1937, 4 (16): 386-405.

[207] COASE, R. The new institutional economics [J]. The American Economic Review, 1998, 88 (2): 72-74.

[208] DAVIS, K., GOLDEN, H. H. Urbanization and the development of pre-industrial areas [J]. Economic Development and Cultural Change, 1954: 6-26.

[209] DARLY, S., TORRE, A. Conflicts over farmland uses and the dynamics of "Agri-urban" localities in the greater paris region: An empirical analysis based on daily regional press and field interviews [J]. Land Use Policy, 2013 (33): 90-99.

[210] DENISON, E. F. Why growth rates differ: postwar experience in nine western countries (No. HC240 D45) [Z].

[211] DIXIT, A. K., STIGLITZ, J. E. Monopolistic competition and optimum product diversity [J]. The American Economic Review, 1977, 67 (3): 297-308.

[212] ELIEL, S. A. A. R. I. N. E. N. The city, its growth, its decay, its future [M]. New York: Reinhold, 1943.

[213] WRIGHT, F. L. The disappearing city [Z]. WF Payson, 1932.

[214] WRIGHT, F. L. Broadacre city: a new community plan [J]. Architectural Record, 1935, 77 (4): 243 254.

[215] FRIEDMANN, J. A General theory of polarized development [Z]. 1967.

[216] FU, Y., GABRIEL, S. A. Labor migration, human capital agglomeration and regional development in China [J]. Regional Science and Urban Economics, 2012, 42 (3): 473-484.

[217] DA SILVA, J. G., DEL GROSSI, M. E. Rural nonfarm employment and incomes in Brazil: Patterns and evolution [J]. World Development, 2001, 29 (3): 443-453.

[218] HENRY, M. S., SCHMITT, B., KRISTENSEN, K., BARKLEY, D. L., BAO, S. Extending carlino-mills models to examine urban size and growth impacts on proximate rural areas [J]. Growth and Change, 1999, 30 (4): 526-548.

[219] HENDERSON, J. V., WANG, H. G. Aspects of the rural-urban transformation of countries [J]. Journal of Economic Geography, 5 (1): 23-42.

[220] HERTEL, T., ZHAI, F. Labor market distortions, rural-urban inequality and the opening of China's economy [J]. Economic Modelling, 2006, 23 (1): 76-109.

[221] HARRIS, J. R., TODARO, M. P. Migration, unemployment and development: A two-sector analysis [J]. The American Economic Review, 1970, 60 (1): 126-142.

[222] HIRSCHMAN, A. O. A. O. The strategy of economic development (No. 04; HD82, H5.) [Z]. 1958.

[223] EBENEZER, H. Garden cities of tomorrow [M]. London: Sonnenschein & Co. Ltd, 1902.

[224] JORGENSON, D. W. Surplus agricultural labour and the development of a dual economy [J]. Oxford Economic Papers, 1967, 19 (3): 288-312.

[225] RANIS, G. Development of the labor surplus economy, irwin [Z]. Homewood Ill, 1964.

[226] TORPEY, J. Revolutions and freedom of movement: An analysis

of passport controls in the French, russian, and Chinese revolutions [J]. Theory and Society, 1997, 26 (6): 837-868.

[227] KAPP, K. W. The nature and significance of institutional economics [J]. Kyklos, 1976, 29 (2): 209-232.

[228] KONTOKOSTA, C. E., JAIN, R. K. Modeling the determinants of large-scale building water use: Implications for data-driven urban sustainability policy [J]. Sustainable Cities and Society, 2015 (18): 44-55.

[229] KRUGMAN, P. Increasing returns and economic geography [J]. The Journal of Political Economy, 1991, 99 (3): 483-499.

[230] KUZNETS, S. Modern economic growth: Findings and reflections [J]. The American Economic Review, 1973, 63 (3): 247-258.

[231] KUZNETS, S. Notes on the take-off [Z]. Palgrave Macmillan UK, 1963: 22-43.

[232] LAHIRI, R., RATNASIRI, S. Productivity differences, technology adoption and economic growth: The case of india [J]. The Rise of the BRICS in the Global Political Economy: Changing Paradigms, 2014: 52.

[233] LAITNER, J. Structural change and economic growth [J]. The Review of Economic Studies, 2000, 67 (3): 545-561.

[234] LASUEN, J. R. On growth poles [J]. Urban Studies, 1969, 6 (2): 137-161.

[235] LECHMAN, E. The "Technological Take-Off" and the "Critical Mass" [J]. A Trial Conceptualization, 2014 (30).

[236] LEE, L. F. Consistency and efficiency of least squares estimation for mixed regressive, spatial autoregressive models [J]. Econometric Theory, 2002, 18 (2): 252-277.

[237] LEE, L. F., YU, J. Estimation of spatial autoregressive panel

data models with fixed effects [J]. Journal of Econometrics, 2010, 154 (2): 165-185.

[238] LESAGE, J. P. An introduction to spatial econometrics [J]. Revue D'économie Industrielle, 2008 (123): 19-44.

[239] MUMFORD, L. The city in history: its origins, its transformations, and its prospects [Z]. Houghton Mifflin Harcourt, 1961.

[240] LEWIS, W. A. Economic development with unlimited supplies of labour [J]. The Manchester School, 1954, 22 (2): 139-191.

[241] LEWIS, W. A. The state of development theory [J]. The American Economic Review, 1984, 74 (1): 1-10.

[242] LI, Y., ZHANG, Z., LIU, Y. Spatial-temporal contrasts in integrated urban-rural development in China, 1990-2010 [J]. China: An International Journal, 2013, 11 (3): 104-122.

[243] LIANG, Z. The age of migration in China [J]. Population and Development Review, 2001, 27 (3): 499-524.

[244] LIN, J. Y., CHEN, B. Urbanization and urban-rural inequality in China: A new perspective from the government's development strategy [J]. Frontiers of Economics in China, 2011, 6 (1): 1-21.

[245] LIN, G. C. Metropolitan development in a transitional socialist economy: Spatial restructuring in the pearl river delta, China [J]. Urban Studies, 2001, 38 (3): 383-406.

[246] LIU, Y. S., WANG, J. Y., LONG, H. L. Analysis of arable land loss and its impact on rural sustainability in Southern Jiangsu Province of China [J]. Journal of Environmental Management, 2010, 91 (3): 646-653.

[247] LIU, Y., ZHANG, F., ZHANG, Y. Appraisal of typical rural

development models during rapid urbanization in the eastern coastal region of China [J]. Journal of Geographical Sciences, 2009, 19 (5): 557-567.

[248] LIPTON, M. Why poor people stay poor: Urban bias in world development [Z]. 1977.

[249] LOBAO, L., MEYER, K. The great agricultural transition: Crisis, change, and social consequences of twentieth century US farming [J]. Annual Review of Sociology, 2001: 103-124.

[250] LONG, H., ZOU, J., LIU, Y. Differentiation of rural development driven by industrialization and urbanization in eastern coastal China [J]. Habitat International, 2009, 33 (4): 454-462.

[251] MATSUYAMA, K. Agricultural productivity, comparative advantage, and economic growth [J]. Journal of Economic Theory, 1992, 58 (2): 317-334.

[252] MCGEE, T. G. Urbanisasi or kotadesasi?: The emergence of new regions of economic interaction in Asia [M]. East-West Environment and Policy Institute, 1987.

[253] MOOMAW, R. L., SHATTER, A. M. Urbanization and economic development: A bias toward large cities? [J]. Journal of Urban Economics, 1996, 40 (1): 13-37.

[254] MUKHERJEE, A. N., KURODA, Y. Convergence in rural development: Evidence from india [J]. Journal of Asian Economics, 2002, 13 (3): 385-398.

[255] MURATA, Y. Rural-urban interdependence and industrialization [J]. Journal of Development Economics, 2002, 68 (1): 1-34.

[256] MYRDAL, G. Sitohang, economic theory and under-developed regions [Z]. 1957.

[257] NICHOLS, V. Growth poles: An evaluation of their propulsive effect [J]. Environment and Planning A, 1969, 1 (2): 193-208.

[258] NOWAK, W. Development effectiveness of foreign assistance [J]. Nierównności Społeczne a Wzrost Gospodarczy, 2014 (38): 74-84.

[259] OHKAWA, K., MINAMI, R. The phase of unlimited supplies of labor [J]. Hitotsubashi Journal of Economics, 1964, 5 (1): 1-15.

[260] PSALTOPOULOS, D., BALAMOU, E., THOMSON, K. J. Rural-urban impacts of CAP measures in greece: An inter-regional SAM approach [J]. Journal of Agricultural Economics, 2006, 57 (3): 441-458.

[261] PARTRIDGE, M. D., ALI, K., OLFERT, M. Rural-to-urban commuting: Three degrees of integration [J]. Growth and Change, 2010, 41 (2): 303-335.

[262] PARR, J. B. December growth poles, regional development, and central place theory [J]. In Papers of the Regional Science Association Springer-Verlag, 1973, 31 (1): 173-212.

[263] PERROUX, F. A Note on the notion of growth pole [J]. Applied Economy, 1955, 1 (2): 307-320.

[264] RANIS, G., FEI, J. C. A theory of economic development [J]. The American Economic Review, 1961: 533-565.

[265] RUTTAN, V. W., HAYAMI, Y. Toward a theory of induced institutional innovation [J]. The Journal of Development Studies, 1984, 20 (4): 203-223.

[266] ROSTOW, W. W. The take-off into self-sustained growth [J]. The Economic Journal, 1956, 66 (261): 25-48.

[267] RIGG, J. Rural-urban interactions, agriculture and wealth: A southeast asian perspective [J]. Progress in Human Geography, 1998, 22

(4): 497-522.

[268] SOVANI, N. V. The analysis of over-urbanization [J]. Economic Development and Cultural Change, 1964, 12 (2): 113-122.

[269] SOJA, E. W. Rural-urban interaction [J]. Canadian Journal of African Studies/La Revue Canadienne Des Études Africaines, 1969, 3 (1): 284-290.

[270] SICULAR, T., XIMING, Y., GUSTAFSSON, B., SHI, L. The urban-rural income gap and inequality in China [J]. Review of Income and Wealth, 2007, 53 (1): 93-126.

[271] SHEN, J. Understanding dual-track urbanisation in post-reform China: Conceptual framework and empirical analysis [J]. Population, Space and Place, 2006, 12 (6): 497-516.

[272] SHEPOTYLO, O. Cities in transition [J]. Comparative Economic Studies, 2012, 54 (3): 661-688.

[273] TODARO, M. P. A Model of labor migration and urban unemployment in less developed countries [J]. The American Economic Review, 1969, 59 (1): 138-148.

[274] THAKUR, R. China's reform of the domicile system (Hukou Zhidu) [J]. China Report, 2002, 38 (2): 299-306.

[275] VARIAN, H. R. Intermediate microeconomics: A modern approach: Ninth international student edition [Z]. WW Norton & Company, 2014.

[276] WANG, F., MASON, A. Demographic dividend and prospects for economic development in China [J]. In United Nations Expert Group Meeting on Social and Economic Implications of Changing Population Age Structures, 2007: 141.

[277] WHITENER, L. A., PARKER, T. Policy options for a changing

rural america [J]. Amber Waves, 2007 (5): 58.

[278] WILLIAMSON, O. E. The transaction cost economics project [J]. ELIT-Economic Laboratory for Transition Research, 2014: 7.

[279] WONG, L. China's urban migrants—The public policy challenge [J]. Pacific Affairs, 1994: 335-355.

[280] XU, B., ZENG, J., WATADA, J. Changes in population agglomeration efficiency in urban planning [A] // Changes in Production Efficiency in China [M]. Springer New York, 2014: 37-59.

[281] YANG, Z., CAI, J., DUNFORD, M., WEBSTER, D. Rethinking of the relationship between agriculture and the "Urban" economy in Beijing: An input-output approach [J]. Technological and Economic Development of Economy, 2014, 20 (4): 624-647.

[282] YU, J., DE JONG, R., LEE, L. F. Quasi-maximum likelihood estimators for spatial dynamic panel data with fixed effects when both n and T are Large [J]. Journal of Econometrics, 2008, 146 (1): 118-134.

[283] ZHAI, F., WANG, Z. WTO accession, rural labour migration and urban unemployment in China [J]. Urban Studies, 2002, 39 (12): 2199-2217.

后　记

本书是在我博士论文基础上修改而成，在本书付梓之时，我衷心地感谢导师王克强教授、师母刘红梅教授，感谢他们给予我的指导与关怀，他们的每周一课，耳提面命，几经寒暑，令我受益匪浅。他们高超的教学艺术、循循善诱的语言风格、一语中的的洞察力，是我终生学习的楷模与榜样。本书是在王老师的国家社科基金重点项目“经济发达地区率先构建新型工农、城乡关系战略研究”（编号：08AJL009）基础上，对特定地区的研究。从我的论文选题、研究工作直至最后博士论文逐字逐句的修改，都凝聚着他们宝贵的心血和辛勤的汗水。记得一次在暑假返家的火车上，突然接到刘红梅教授的电话，建议我修改博士论文中的 2 张图表，原来她在百忙之中，利用暑假时间帮我修改博士论文，让我深为动容、终生难忘。在此，谨对他们孜孜不倦的教诲、含辛茹苦的培育、无微不至的关怀表达我最诚挚的感谢。衷心祝福他们身体健康，工作顺利！

感谢上海财经大学对我的培养，在她郁郁葱葱、充满生机的校园内、我聆听过教授们的谆谆教导，经历过 seminar 的反复折腾。也曾经漫步在幽静的步行街上，一边欣赏各类学术研讨会海报，一边品味空气中飘来的缕缕丹桂清香。感谢上海财经大学财经研究所的悉心栽培，研究所领导和老师在教学、科研和生活上的关怀，为我提供了良好的学习与科研平台，使我能够专注于所要研究的问题；感谢上海财经大学财经研究所吴方卫教授、许庆教授、张锦华教授、刘乃全教授、金钟范教授、汪伟教授、邵帅教授的指导、支持与帮助；感谢豆建民教授、赵晓雷教授、曹建华教授、张学良教授、冯金华教授等各位领导的指导、支持与帮助；感谢上海交通大学史清华教授、于冷教授、上海农科院干经天教授、复旦大学焦必方教授、同济大学石忆邵教授、广西大学王选庆教授的指导、支持与帮助。专家们对论文内容、结构以及研究方法提出了宝贵意见。他们的建议对论文的进一步完善起到至关重要的作用；感谢上海财经大学财经研究所盛伟秘书、孙永亮辅导员在教学管理上、生活上的支持与关心。

感谢多年来与我同甘共苦的同学和师门同窗们：周蕾、陈立俊、李国军、武英涛、胡海生、基连通（老挝）、张忠杰、姚东、王沛、邓光耀、唐茂刚、雷晓霆、熊振兴、马克星、万宁娜、段季伟、范英、汤新云、谢童伟、曹俐、胡军辉、杨兴洪、付畅、杜建军、孙君、张军委、李风琦、钱有飞、王雅丽、童敏慧、杨慧敏、杨莉莉、单许昌、张可、倪伟才、耿文才、戴晋、彭小辉等，还有那些多年来默默关心与帮助我的朋友们。和他们度过的时光必将成为我人生中一段美好的回忆。特别感谢师兄张忠杰在博士论文写作过程中提供的有益帮助，我们情同手足，与其共同经历博士研究生学习过程的点点滴滴，我将铭记在心。

感谢广西壮族自治区教育厅、广西高等学校师资培训中心、广西经贸职业技术学院对本书出版的大力支持，感谢中国经济出版社姜静编辑的辛勤工作和有益指导。

感谢这些年来默默支持我的家人，在我读博期间他们承担了更多的家庭责任，而我却难以给予他们很少的关心，感谢他们在我求学道路上坚定且一如既往的支持！感谢所有支持与帮助、鼓励与批评过我的人们！

贺俊刚

2022 年 4 月于绿城南宁